铁路普速临时旅客列车客运乘务工作指南

本书编委会　编

中国铁道出版社有限公司

2024年·北　京

U0800335

内　容　简　介

本书共分为五章内容，主要包括临客组织、乘务管理、安全管理、客运业务知识与操作、常见问题解答。本书突出职业的针对性和实用性，并以二维码的形式提供视频便于职工学习、理解和掌握。

本书既可以作为铁路临客客运工作人员日常适应性培训教材，也可作为铁路干部、职工自学用书以及其他相关专业人员的参考书籍。

图书在版编目(CIP)数据

铁路普速临时旅客列车客运乘务工作指南 / 本书编委会编. -- 北京 : 中国铁道出版社有限公司, 2024. 12. -- ISBN 978-7-113-31811-6

Ⅰ. U293. 3-62

中国国家版本馆 CIP 数据核字第 2024Q52S55 号

书　　名：铁路普速临时旅客列车客运乘务工作指南
作　　者：本书编委会

责任编辑：鹿金炜　　　　**编辑部电话：**(010)51873023
封面设计：高博越
责任校对：安海燕
责任印制：高春晓

出版发行：中国铁道出版社有限公司（100054，北京市西城区右安门西街 8 号）
网　　址：https：//www. tdpress. com
印　　刷：河北京平诚乾印刷有限公司
版　　次：2024 年 12 月第 1 版　2024 年 12 月第 1 次印刷
开　　本：880 mm×1 230 mm 1/32　**印张：**4. 375　**字数：**102 千
书　　号：ISBN 978-7-113-31811-6
定　　价：30. 00 元

版权所有　侵权必究

凡购买铁道版图书，如有印制质量问题，请与本社读者服务部联系调换。电话：(010)51873174

打击盗版举报电话：(010)63549461

编 委 会

主　　任：许盛刚

副 主 任：李　铁　王凌燕

主　　编：李卫东　宋清水　范露端

编写人员：吴宝晖　王艳红　李　婷　赵汝锋

王　超　豆甜甜　张连春　高　军

刘恕伟　李剑平　季云凤　王秀江

杨　旭　张　鹏　梁　梦　贾广龙

姜　旺　阎亚伟　卢海豹　徐展图

审定人员：孙　强　刘利民　王　可　李春霞

周建国　孙　静　薛　薇　甘勇来

前言

为进一步加强职工队伍建设，适应铁路高质量发展对职工岗位素质的要求，保证铁路旅客运输安全，提高客运服务质量，根据临客[①]乘务单位人员担当列车乘务岗位作业的需要，依据《国铁集团客规》[②]《铁路旅客运输服务质量规范》等规章，结合临客乘务工作的实际需要，编写了本教材。

本教材从临客各岗位工作实际出发，遵循实用性强、指导性强、紧贴现场、通俗易懂、便于操作的原则。以临客客运安全、作业要求、非正常情况处置为重点，主要包括临客组织、乘务管理、安全管理、客运业务知识及操作、常见问题五部分内容。对于操作性较强的站车无线交互手持终端[③]、塞拉门的操作等均采用视频讲解的方式，更加直观，便于学员反复学习，提高操作效率和质量，确保服务质量和安全。对中国铁路北京局集团有限公司近年来临客开行中发现的问题

① 铁路普速临时旅客列车简称，下同。
② 《中国国家铁路集团有限公司铁路旅客运输规程(2024年版)》简称，下同。
③ 站车客运信息无线交互手持终端简称，下同。

进行了分类整理，为临客担当单位顺利完成旅客运输任务提供指导。本教材既可以作为临客乘务人员培训的教材，亦可作为新职普速旅客列车员培训教材及自学用书。

本教材由中国铁路北京局集团有限公司客运部和职工培训部组织编写，李卫东、宋清水、范露端担任主编，第一章由范露端、张连春、李剑平、贾广龙编写，第二章由宋清水、李婷、赵汝锋、高军、杨旭编写，第三章由吴宝晖、李卫东、王艳红、梁梦、阎亚伟编写，第四章由王超、季云凤、刘恕伟、卢海豹、徐展图编写，第五章由王秀江、豆甜甜、张鹏、姜旺编写，由孙强、刘利民、王可、李春霞、周建国、孙静、薛薇、甘勇来等集体审定。

书中不妥之处，恳请读者指正。

本书编委会

2024 年 11 月

目 录

第一章 临客组织

本章内容主要包括临客工作基本要求和重点管理两部分。

第一节 临客工作基本要求

一、临客办理一览表

临客办理一览见表1-1。

表1-1 临客办理一览

办理项目	办理内容	办理标准
人员抽调	临客乘务担当单位抽调临客乘务人员，客运段抽调指导小组	按照铁路局集团公司人员抽调要求，临客乘务担当单位和客运段分别将人员抽调到位，组建乘务组和指导小组
人员培训	临客乘务担当单位人员要进行资格性培训、实作培训。客运段要对指导小组进行培训	资格性培训由铁路局集团公司(或客运段指导临客乘务担当单位)组织实施，脱产培训学时符合上级要求。实作培训临客乘务担当单位、客运段共同组织实施。合格人员填发“临客乘务人员培训合格证”，有效期一年
办理证件	临客乘务担当单位要办理食品经营许可证、健康证	填写食品经营许可证申请书，从业人员健康体检登记表(需体检)，到属地铁路卫生监督所申办食品经营许可证、健康证等证件
核对任务	接收、核对客调命令，掌握值乘车次、编组，值乘班组配置数量	根据客调命令，提前合理分配班组、人员，按照规定值乘日期进行值乘

续上表

办理项目	办理内容	办理标准
配置设备	按照车厢、人员数量，将电台、耳机、站车无线交互手持终端（蓝牙模块）、车厢视频记录器、音视频记录仪等设备配置到位	站车无线交互手持终端每车厢1台，电台（耳机）每车厢1台，车厢视频记录器每车厢2个（不含软卧车、发电车、宿营车及安装车载视频仪车厢），音视频记录仪每车厢1台
台账资料	办公席、餐车、广播室的客运台账资料按规定配置，作业指导书，消防网格化“一图一表”（一图指平面图，一表指统计表）	作业指导书、消防网格化“一图一表”由客运段指导临客乘务担当单位根据值乘列车实际线路制定，办公席、餐车、广播室的客运台账资料由客运段配置
装车工作	临客乘务担当单位接到调度命令后，与属地客运段负责临客部门联系装车，确定具体装车日期、时间、地点、请领列车卧具备品数量，并将卧具、备品按时装上车底，整备到位	按照规定时间联系属地客运段，提前计算、确定需请领的卧具备品具体数量。安排人员按照规定的时间，到达请领地点。请领完毕后，做好卧具备品装车，将备品按车厢进行分类归置、定位摆放，对上车卧具及备品数量进行再次核对，对配置数量不符的进行补充，确保卧具、备品数量配置齐全。组织人员将方向牌、内外顺号牌、车内揭示揭挂等标识进行粘贴
卸车工作	临客乘务担当单位值乘结束，需卸车时，于值乘最后一趟终到前6小时，联系属地客运段，终到卸车，并与属地客运段相关部门办理备品交接	列车终到后，组织人员将备品进行分类，统一放置于固定位置，按照装车清单办理交接

二、岗位职责划分

1. 客运段指导列车长管理职责

（1）确保卧具备品按照规定数量配置。

(2)确保临客车底出库卫生质量达标。

(3)指导列车长、指导餐车长、列车值班员、广播员与乘务班组同出乘、同退乘。

(4)指导列车长对临客乘务班组负监管、指导责任。负责对临客列车安全管理、乘务组织、职工两纪、应急处置、旅客投诉处理等工作进行指挥、监督。主动协助临客乘务担当单位与车站办理相关手续。遇到上级检查时,要主动汇报,接受检查,并指导临客乘务担当单位进行整改。遇有突发事件时,要迅速组织启动应急预案,控制事态发展。客运段指导列车长要配有视频、音频设备,确保处理突发事件留有视频资料。

(5)指导列车长应及时对临客乘务人员违章违纪行为进行制止,并向相关单位提出考核意见。

(6)指导列车长负责向临客班组及“三乘”传达上级要求,提出本趟工作重点、做好安全、服务预想,抓好落实。

(7)指导列车长要对临客乘务担当单位职工业务进行抽考,检查指导临客乘务担当单位春运临客业务培训情况。

2. 临客乘务担当单位列车长管理职责

(1)列车长对临客乘务班组负管理责任,接受指导列车长的工作指导。

(2)检查全体临客乘务人员岗位资格性培训资质,确保列车工作人员持证上岗。

(3)负责检查本单位临客乘务人员人容着装、两纪及标准化作业落实。

(4)负责检查本单位临客乘务人员安全工作落实情况。

(5)与指导列车长分工合作,密切配合,妥善处置旅客投诉、求助及其他突发应急情况。

三、培训工作

1. 理论培训内容

临客安全重点,细化车门管理、乘降组织、库内整备(装卸车)、库内走行、电器安全、消防安全、人身安全、食品安全、电磁灶和电茶炉、站车联控、站车无线交互手持终端使用、设备设施使用等临客培训要点。

2. 实训内容

库内作业安全、车门(窗)管理、车门操作、捆绑带使用、灭火器使用条件和方法、紧急制动阀(人力制动机)使用时机和方法、安全踏板使用管理、安全警示带使用管理、电台使用管理、便携式音视频记录仪使用管理、站车无线交互手持终端使用以及车内相关设备设施使用方法介绍。

第二节　重点管理内容

一、重点工作项点

1. 卫生质量:临客车底出库卫生质量由属地客运段负责。途中、折返站的卫生质量由指导列车长指导临客乘务担当单位负责。

2. 车门车窗:各岗位值乘人员负责责任区域内的车门车窗管理,严格落实车门、车窗管理规定。

3. 消防安全:临客乘务担当单位各岗位值乘人员负责责任区域内的消防管理,严格落实消防安全管理规定。落实消防锤、灭火器、灭火毯、禁烟宣传等检查和管理责任。

4. 电器设备:各车厢乘务人员负责本车厢电暖气、电茶炉使用安全。对违规使用列车插座充电旅客进行劝阻。

5. 食品安全:指导餐车长负责对餐车食品安全、餐营服务进行检查、指导、监督。临客乘务担当单位负责餐料的采购、加工、保存、销售、票据票款等环节的管理责任,杜绝销售"三无"食品和过期、变质食品的行为。

6. 广播宣传:客运段广播员负责列车的广播宣传,播音室严禁无关人员进入,人离断电、门窗加锁。

7. 票款:指导列车长负责列车办公席票款安全管理,负责补票工作,临客乘务担当单位负责列车旅客席位核验具体工作。

8. 厕所:各车厢乘务人员负责本车厢厕所日常清理,确保干净、整洁、无异味,并按规定开闭。

9. 库内盯控:库内保洁人员作业期间,临客乘务担当单位、指导客运段要指派人员入库,对保洁作业期间、作业过程进行盯控。

10. 交接确认:临客乘务担当单位严格按规定时间办理交接,对列车设备设施、卧具、备品认真交接、签字确认。

11. 人身安全:临客乘务担当单位负责临客乘务人员的人身安全管理,集体列队出退乘、入住公寓,按照规定路线行走。

12. 职业道德:临客乘务担当单位负责教育、引导职工遵守职业行为规范,严禁以票谋私,严禁乱收费,严禁野蛮待客。

13. 应急处置:临客乘务担当单位负责应急突发事件的处置、上报及后续工作,指导列车长对其进行指导。

二、乘务管理要求

(一)车门管理

1. 明确车门管理责任追究。列车运行中,因车门开启造成停车或人身伤害的，按照铁路交通事故定责。对于列车管理责任（突发性设备故障、人为破坏除外）造成的运行中车门漏锁或开启，当班列车长免职，岗位列车员按规定处理，并追究单位管理责任。

2. 落实车门作业标准。列车到站前，列车员要做好车内通告，提前疏通车内通道，组织下车旅客到车门口处等待。试开车门时（塞拉门除外），开启车门缝隙不超过10厘米，确认车门状态良好后立即关闭。列车站停组织乘降时，列车员须在车门口值守，高站台停靠4分钟以上时，使用安全踏板、悬挂警示带。低站台乘降时须打开踏板、卡簧入槽，杜绝旅客和乘务人员飞乘飞降。开车铃响完毕、确认无旅客乘降后，统一收取安全踏板和警示带，上车清除车门口障碍，放下踏板，做好关门准备（塞拉门应关闭车门），密切注意车门口旅客和站台人员动态，防止出现人员抢上抢下，列车启动迅速关闭车门。列车出站台后列车员应对值乘岗位负责的各车门锁闭情况进行检查。遇临时停车，应加强车内巡视，确保车门锁闭，严禁旅客上下车。

3. 结合部车门管理。列车站停作业时，所有列车工作人员应通过正常开启供旅客乘降的车门上下车，机后第一辆载客车厢前端车门或尾部载客车厢后端车门不得作为旅客乘降车门，确因作业需要须打开非旅客乘降的车门时，按照“谁打开、谁负责”的原则，负责做好监护，将该端客室与通过台的端门使用钥匙锁锁闭，防止旅客乘降，作业完毕及时将车门锁闭并确认。

在始发站、中途站以及客流较大车站，临客乘务担当单位添乘干部要重点盯控旅客乘降组织工作。遇列车超员，列车长要加强车内巡视，积极组织旅客向车厢中部疏散，避免堵塞通道，并及时拍发超员电报，避免旅客漏乘、漏降和踩踏事件发生。

(二)人身安全

深刻吸取历年来相关单位发生的人身伤亡事故教训。严格落实值乘中、出退乘、库内盯控、走行、道路交通安全等环节的安全规定。

(三)消防安全

强化全员列车防火安全意识,严格执行餐车炉灶、电磁炉、电茶炉、微波炉、电暖气罩等电器炉火设备和阴暗部位的操作规程和检查制度,严防火灾隐患。车内严禁私拉乱接电线,客运服务设备充电时必须使用安全插排,有人盯控、离人断电,确保用电安全。车厢内严禁吸烟,要把内部禁烟作为列车防火的关键,加强旅客禁烟宣传。

(四)作业纪律

临客乘务担当单位应建立出乘、折返站测酒制度,加强作业人员禁酒宣传教育,严禁班前、班中饮酒,各班组出乘点名前进行测试并登记。列车中途添乘干部、列车长要加强对发电车、行李车、宿营车等部位的巡视,发现班中饮酒行为立即停止责任人员的工作。列车折返站严禁乘务人员私自外出。杜绝两纪问题发生。

(五)餐车安全

加强餐车油垢清理,做到一餐一清,保证餐车灶台、排油烟罩、烟囱、排气扇无油垢。临客列车要按规定配备灭火毯,后厨工作人员不得擅自离岗,离人必须断电加锁。餐车刀具和锅铲等可移动铁器要定位管理,隐蔽存放,使用完毕后及时归位。遇突发事件,要加强餐车刀具等可移动铁器的看管,预防意外发生。餐车侧门安全护栏已改为1/2下翻开启式活动窗的,餐车厨房侧门不安装防护栏,运行途中严禁开门。

(六)食品卫生

临客乘务担当单位要严把列车食品安全关,餐车刀具、容器必须执行生熟分开制度，餐车走廊边门、厨房后门必须处于锁闭状态，严禁闲杂人员进入餐车厨房。餐料原则在客运段采购，遇特殊情况需自行购置时，必须通过正规渠道采购。严禁出售“三无”和过期、变质食品。

（七）调度命令管理

客运段、临客乘务担当单位要加强调度命令、临客文件、电报核对审核工作，要明确专人和领导负责制，确保不漏传、不错传、不误传，加强临客生产指挥管理，每趟出乘前，要做好命令电报的传达。列车长、指导列车长签认命令，结合当日预警将趟计划、安全预想工作布置到位，坚决确保临客电报、命令、指示传达落实准确无误。临客始发属地客运段接到开行临客的客调命令后，需在接令后 1 小时内，通知相关临客乘务担当单位，客运段转达客调命令人员要记录收令单位、收令人、收令时间。两个单位担当同一组车底时，调度命令中写在前面的单位担当首趟临客。

（八）服务质量标准

1. 做好客车采暖工作。采暖期，非空调列车始发前 40 分钟和运行中车内温度不得低于 14 ℃；发电车供电的空调客车须在列车始发前 60 分钟供电并开启空调预冷预热，机车供电的空调客车须在列车始发前 60 分钟（特殊情况 40 钟）完成机车连挂和供电，对车厢进行预热，车内温度控制在 18 ℃ ~20 ℃。

2. 规范人容着装。临客乘务人员必须统一穿着铁路制服，佩戴职务标志。职务标志由各临客乘务担当单位负责制作。

规格：长 7 厘米 × 宽 2.5 厘米。

内容：单位、姓名、职务、工号。

佩戴位置：佩戴在上衣左胸口袋上方正中，工作牌下边距口袋边缘1厘米处,上衣左胸无口袋时,佩戴在相应位置。

3. 规范立岗位置。临客乘务人员在始发站和中途站停站立岗时,面向旅客放行方向;停靠高站台时,不背对连接处立岗,防止被旅客拥挤掉下站台,保证自身安全。开门立岗时按规定摆放安全踏板,悬挂安全警示带;车站响铃后,按照先收安全警示带,再收安全踏板的顺序作业。

4. 规范备品使用。临客列车的服务备品、整备标准由客运段按照《铁路旅客运输服务质量规范》落实,卧具严格按要求进行更换。更换卧具时,禁止卧具直接落地,保证卧具整洁卫生。

5. 确保保洁质量。临客始发属地客运段负责临客列车外皮及车内保洁工作,组织保洁公司配足人员,配齐保洁工具。列车长要做好检查巡视,指导临客乘务人员做好库内卧具备品整备工作。

6. 规范粘贴标识标牌。临客列车装车时,内外顺、方向牌、卧代座车厢座位号牌等标识由属地客运段提供,临客乘务担当单位负责领取,并按照规定位置粘贴,确保车底出库时,标识粘贴到位。

(九)装卸车作业要求

1. 装车作业。临客乘务担当单位接到调度命令后,与属地客运段负责临客部门联系装车,确定具体装车日期、时间、地点。按照规定时间联系属地客运段,提前计算,确定需请领的卧具备品具体数量。安排人员按照规定的时间,到达请领地点,按照请领数量合理分配卧具备品请领人员。请领完毕后,做好卧具备品装车。卧具备品上车后,组织人员将备品按车厢进行归置到位,对上车卧具及备品数量进行再次核对,对配置数量不符的进行补充,确保卧具备品数量配置齐全。

2. 卸车作业。值乘结束,需卸车时,于值乘最后一趟终到前6小时，联系属地客运段终到卸车，并与属地客运段相关部门办理备品交接。列车终到后，组织人员将备品进行归类，将车厢卧具按照窗帘、纱帘、座套、铺套、被褥、枕芯、褥单、枕套、床单、枕套等进行卧具备品进行分类，按照类别统一放置，分别装车，办理交接。

第二章　乘务管理

本章内容主要包括各工种作业流程、客运乘务有关知识、服务质量规范精选知识、旅客服务及重点旅客服务内容。

第一节　作业流程

一、列车长作业流程

(一)班前准备

1. 按规定时间提前到岗，摘抄文电命令，听取重点工作传达。

2. 做好工作预想，制定本班组趟计划及安全预想。

3. 检查站车无线交互手持终端、对讲机、音视频记录仪、车厢视频记录器、电池等，确保状态良好。

4. 到票据室领取补票机、票据，规范使用。

5. 召开班前布置会，收取手机，酒精测试，检查人容着装，按时点名。

(二)接车作业

1. 组织班组集体列队，走固定路线，指定位置上车。

2. 与对班列车长交接备品、卫生，清点、签认。组织乘务员对卫生质量、车容整理和定型定位进行补强。

3. 组织发放备品、消耗品。

4. 指定专人安装车厢视频记录器。

5. 组织对列车上部客服设施、应急备品等进行检查，做好记录。

（三）始发作业

1. 登录站车无线交互手持终端，掌握车厢旅客购票信息和客流情况。

2. 与车站办理有关事宜交接，关注重点旅客等工单，做好重点旅客服务。

3. 提示乘务员做好旅客放行准备工作，并做好车门口车票核验、旅客乘降组织。

4. 两名列车长分别在首尾车厢登车，巡视车厢，检查重点部位，服务重点。

（四）途中作业

1. 不少于两小时巡视一次车厢，在“防火巡查记录”上签字。

2. 每6小时组织查验一次车票。

3. 检查客服设施，发现故障及时通知车辆乘务员处理。

4. 受理投诉，落实首问首诉负责制。服务重点，走访重点旅客，了解需求，解决困难。

5. 落实重点时期安检查危，并做好现场突发应急处置及汇报工作。

（五）站停作业

1. 遇有交接事项做好到站交接准备，填写客运记录、铁路电报等。

2. 组织旅客乘降，盯控车站上水。

3. 遇有低站台时，提示各车厢打开翻板、卡簧入槽。

（六）交接班作业

1. 巡视车厢，检查交班整备情况和卧铺车管理情况。交接票据，确认签字。

2. 组织列队用餐，设备检查。召开班前会，布置本班重点工作。

（七）夜间作业

1. 检查入夜作业质量，22:00前核对铺位，清理闲杂人员。

2. 检查各车厢乘务员车内巡视及卧车乘务员边座值岗落实情况。

（八）晨起作业

检查晨起各车厢车内及乘务室、洗面间、厕所、茶炉间卫生质量，检查各车厢车容恢复。

（九）终到作业

1. 组织终到前卫生清扫、车容整理。做好到站前准备工作。

2. “三乘”检查，对列车客服设施故障修复情况进行复核。

3. 做好旅客遗失品、重点旅客等事项站车交接。

（十）折返站作业

1. 组织乘务员入住公寓，加强入住期间纪律管理。

2. 做好折返站安全、整备质量监督。

3. 按时集合，召开返程会，布置重点工作，收取手机，酒精测试。

4. 组织各车厢乘务员做好折返站始发准备工作。

（十一）终到作业

1. 填写“乘务工作日志”等资料，清点票据。

2. 组织进行备品交接，指派专人将车厢视频记录器卸下，按规定保管充电。

3. 返段退乘后上传收入数据，票据、补票设备入柜加锁。总结本趟往返乘务工作，发还职工手机。

二、卧车乘务员作业流程

（一）出乘作业

1. 按规定时间，规范着装到指定地点参加班组出乘学习，上交手机。

2. 检查对讲机、站车无线交互手持终端、音视频记录仪的电量、运行等状态，检查完毕及时关机。

（二）接车作业

1. 列队出乘，入库（站台）接车，上下车底过程中踩稳扶牢。

2. 办理备品交接，检查灭火器、消防锤、车门、车窗、捆绑带等设备设施情况，检查水量，发现问题及时报告列车长。

3. 检查整备作业质量，做好卫生补强，按时参加出乘会。

4. 做好出库前准备，整理人容着装。

5. 车底进站台时车门立岗，登录交互系统①。

（三）始发站作业

1. 听从列车长统一指挥，做好始发放行准备。

2. 准时打开车门，立岗迎客。

3. 做好安全宣传，组织旅客乘车，做好验证验票。

4. 铃响取下安全警示带，铃止上车收安全踏板、车动关门加锁（遇塞拉门时上车即关闭车门），扣紧捆绑带。

（四）始发开车作业

1. 出站台检查瞭望值乘区域车门，并做好车门互检。

2. 始发后及时开启厕所，整理行李架、衣帽钩等，墩擦地面，核验旅客信息。

3. 标注重点旅客，将给水情况及时登记在电子台账内。

（五）中途站前作业

1. 及时清理车内卫生、墩擦地面、厕所冲刷干净、整理车容。

---

① 铁路客运站车信息无线交互系统简称，下同。

2. 到站前30分钟唤醒旅客做好下车准备，夜间做好二次唤醒提示。

3. 更新站车无线交互手持终端数据，提前组织下车旅客做好下车准备。

4. 非集便式厕所到站前5分钟锁闭（集便式厕所吸污、换挂机车时锁闭），给水站到站前核实登记水量。

5. 进站前锁闭端门，提前到岗，试开车门（塞拉门除外）。

（六）中途站停作业

1. 列车停稳后打开车门，组织旅客乘降。

2. 做好安全宣传，组织旅客乘车，做好验证验票。

3. 旅客乘降完毕后，垃圾装袋、封口、无渗漏，在垃圾投放站定点投放。

4. 铃响取下安全警示带，铃止上车收安全踏板、车动关门加锁（遇塞拉门时上车即关闭车门），扣紧捆绑带。

（七）中途站开车作业

1. 出站台检查瞭望值乘区域车门，并做好车门互检。

2. 开车后及时开启厕所，整理行李架、衣帽钩等，墩擦地面，核验旅客信息。

3. 标注重点旅客，将给水情况及时登记在电子台账内。

（八）运行中作业

1. 做好安全宣传，冬季采暖期间，加强巡视频次。

2. 落实首问首诉负责制、落实好车内服务工作。

3. 配合落实重点时期安检查危。

（九）交接班作业

1. 按规定时间统一用餐，参加班前会听取重点工作传达后，列队换班。休班乘务员用餐后,列队返回宿营车休息。

2. 休班乘务员全面清扫卫生,整理车容,交接时,对车内旅客人数,重点旅客情况等要有说明。

3. 接班乘务员巡视检查值乘区域车门锁闭、车容车貌、车内设备设施等情况。

(十)入夜作业

1. 22:00 前核对旅客信息,对夜间下车旅客重点关注和提示。

2. 全面恢复车内卫生,整理小桌,鞋子定型,闭合窗帘,访问重点旅客,做好重点服务和夜间安全提示。

3. 照明开关置于半灯位,洗面灯开关置于开位。

(十一)夜间作业

1. 夜间实行无干扰服务,车内边凳值岗,每小时巡视一次。

2. 按照列车长安排完成重点部位卫生补强。

(十二)晨起作业

1. 7:00 照明开关置于全灯位,开启窗帘,定型统一、规范。

2. 全面恢复车内卫生,整理车容,重点关注厕所、洗面间等部位的冲刷和擦拭,满足旅客使用需求。

3. 访问重点旅客,为重点旅客提供服务。

(十三)终到站前作业

1. 全面清理车内卫生,到站前 10 分钟锁闭厕所。

2. 到站前 30 分钟做好旅客下车提示,协助重点旅客做好下车准备。

3. 列车进站提前到岗(高站台携带安全踏板、安全警示带),到站确认站台,试开车门(塞拉门除外)。

(十四)终到站停作业

1. 列车停稳后打开车门,摆放安全踏板、悬挂安全警示带,加强安全宣传提示,扶老携幼,组织旅客有序下车。

2. 旅客下车完毕后,巡视车厢,检查旅客遗失物品。

3. 清理卫生,垃圾装袋、封口、无渗漏,在垃圾投放站定点投放。

4. 检查设备设施状态,备品定位摆放。

(十五)折返作业

1. 做好卧具更换工作(有保洁作业人员时做好交接)。

2. 站台列队集合,听取列车长总结单趟工作。

3. 在列车长带领下排队入住公寓,领取手机,遵守入住公寓纪律要求。

4. 出乘前列队测酒,统一上交手机,参加返乘会,听取列车长重点工作布置。

5. 全面做好列车折返整备工作,达到始发标准,做好返程乘务准备。

(十六)终到作业

1. 站车无线交互手持终端退出登录,完成退乘。

2. 与接车人员做好设备、备品交接。

3. 在列车长带领下列队返段退乘。参加班组退乘会,领取手机。

三、硬座乘务员作业流程

(一)出乘作业

1. 按规定时间,规范着装到指定地点参加班组出乘学习,上交手机。

2. 检查对讲机、站车无线交互手持终端、音视频记录仪的电量、运行等状态,检查完毕及时关机。

(二)接车作业

1. 列队出乘,入库(站台)接车,上下车底过程中踩稳扶牢。

2. 办理备品交接，检查灭火器、消防锤、车门、车窗、捆绑带等设备设施情况，检查水量，发现问题及时报告列车长。

3. 检查整备作业质量，做好卫生补强，按时参加出乘会。

4. 做好出库前准备，整理人容着装。

5. 车底进站台时车门立岗，登录交互系统。

（三）始发站作业

1. 听从列车长统一指挥，做好始发放行准备。

2. 准时打开车门，立岗迎客。

3. 做好安全宣传，组织旅客乘车，做好验证验票。

4. 铃响取下安全警示带，铃止上车收安全踏板、车动关门加锁（遇塞拉门时上车即关闭车门），扣紧捆绑带。

（四）始发开车作业

1. 出站台检查瞭望值乘区域车门，并做好车门互检。

2. 开车后做好双车（边）通报（下一站到站站名、时刻）。

3. 始发及时开启厕所，整理行李架、衣帽钩等，墩擦地面，核验旅客信息。

4. 标注重点旅客，将给水情况及时登记在电子台账内。

（五）中途站前作业

1. 及时清理车内卫生、墩擦地面、厕所冲刷干净、整理车容。

2. 更新站车无线交互手持终端数据、配对蓝牙模块，做好中途站核证验票准备。

3. 不晚于到站前 10 分钟双车（边）通报（下一站到站站名、时刻），提示旅客做好下车准备。

4. 非集便式厕所到站前 5 分钟锁闭（集便式厕所吸污、换挂机车时锁闭），给水站到站前核实登记水量。

5. 进站前提前到岗,试开车门(塞拉门除外)。

(六)中途站停作业

1. 列车停稳后打开车门,组织旅客乘降。

2. 做好安全宣传,组织旅客乘车,做好验证验票。遇客流高峰,旅客集中上车来不及查验时,可先允许旅客上车后再补充查验,与车票查验合并办理。

3. 旅客乘降完毕后,垃圾装袋、封口、无渗漏,在垃圾投放站定点投放。

4. 铃响取下安全警示带,铃止上车收安全踏板、车动关门加锁(遇塞拉门时上车即关闭车门),扣紧捆绑带。

(七)中途站开车作业

1. 出站台检查瞭望值乘区域车门,并做好车门互检。

2. 双车(边)通报(下一站到站站名、时刻)。

3. 开车后及时开启厕所,整理行李架、衣帽钩等,墩擦地面,核验旅客信息。

4. 标注重点旅客,将给水情况及时登记在电子台账内。

(八)运行中作业

1. 做好安全宣传,冬季采暖期间,加强巡视频次。

2. 落实首问首诉负责制、落实好车内服务工作。

3. 配合落实重点时期安检查危。

(九)交接班作业

1. 按规定时间统一用餐,参加班前会听取重点工作传达后,列队换班。休班乘务员用餐后,列队返回宿营车休息。

2. 休班乘务员全面清扫卫生,整理车容,交接时,对车内旅客人数,重点旅客情况等要有说明。

3. 接班乘务员巡视检查值乘区域车门锁闭、车容车貌、车内设备设施等情况。

(十)入夜作业

1. 22:00 前核对旅客信息,对夜间下车旅客重点关注和提示。

2. 全面恢复车内卫生,整理小桌,访问重点旅客,做好重点服务和夜间安全提示。

3. 照明开关置于半灯位,洗面灯开关置于开位。

(十一)夜间作业

1. 夜间实行无干扰服务,每小时巡视一次。按照列车长安排完成重点部位卫生补强。

2. 按照列车长安排完成重点部位卫生补强。

(十二)晨起作业

1. 7:00 照明开关置于全灯位,整理窗帘,定型统一、规范。

2. 全面恢复车内卫生,整理车容,重点关注厕所、洗面间等部位的冲刷和擦拭,满足旅客使用需求。

3. 访问重点旅客,为重点旅客提供服务。

(十三)终到站前作业

1. 全面清理车内卫生,到站前 10 分钟锁闭厕所。

2. 不晚于到站前 10 分钟做好旅客下车提示,协助重点旅客做好下车准备。

3. 列车进站提前到岗(高站台携带安全踏板、安全警示带),到站确认站台,试开车门(塞拉门除外)。

(十四)终到站停作业

1. 列车停稳后打开车门,摆放安全踏板、悬挂安全警示带,加强安全宣传提示,扶老携幼,组织旅客有序下车。

2. 旅客下车完毕后，巡视车厢，检查旅客遗失物品。

3. 清理卫生，垃圾装袋、封口、无渗漏，在垃圾投放站定点投放。

4. 检查设备设施状态，备品定位摆放。

（十五）折返作业

1. 全面恢复车内卫生，墩擦地面，擦拭洗面间、台面、镜面；整理座席套、窗帘。

2. 站台列队集合，听取列车长总结单趟工作。

3. 在列车长带领下排队入住公寓，领取手机，遵守入住公寓纪律要求。

4. 出乘前列队测酒，统一上交手机，参加返乘会，听取列车长重点工作布置。

5. 全面做好列车折返整备工作，达到始发标准，做好返程乘务准备。

（十六）终到作业

1. 站车无线交互手持终端退出登录，完成退乘。

2. 与接车人员做好设备、备品交接。

3. 在列车长带领下列队返段退乘。参加班组退乘会，领取手机。

四、广播员作业流程

（一）出乘作业

1. 按规定时间，到段广播室报到，领取相关资料。

2. 规范着装到指定地点参加班组出乘学习，上交手机。

3. 按照要求列队点名，掌握本趟乘务工作重点要求。

（二）接车作业

1. 交接并检查广播设备，广播资料、备品等。

2. 广播室按规范定型,试验播音确认广播机状态作用良好。

(三)始发站作业

1. 按照播报计划,逐项播报,语言清晰。

2. 准时通告,用语准确,按时播报,语言规范。

(四)途中作业

1. 播报站名遵循“一站两报”作业标准,准确播报。

2. 应急宣传服从列车长指挥,及时准确,晚点超30分钟以上时,按照统一口径向旅客通告列车晚点信息,按照列车长要求代表铁路向旅客致歉。

3. 餐售宣传,服务旅客,宣传餐车食品及种类。

4. 晨起入夜,加强宣传,按时规范广播,提示旅客入夜、晨起时间及入夜行车安全宣传。

(五)折返(终到)作业

1. 全面清理广播室卫生,备品定位摆放。

2. 广播室离人断电锁门。

(六)终到站作业

1. 全面清理广播室卫生,备品定位摆放,对设备问题做好登记。广播室离人断电锁门。

2. 做好各项备品核对,与接车人员做好交接。

3. 听取本趟工作点评,参加退乘会,领取手机。

五、餐车长作业流程

(一)出乘作业

1. 按规定时间,规范着装到指定地点参加班组出乘学习,听取列车长传达重点工作要求。

2. 出乘前，按规定时间到餐车业务室请领餐料、备品。

（二）接车作业

1. 与对班班组交接餐车备品，检查餐车设备设施状态，清点餐料、备品数量。

2. 有保洁作业人员作业时做好盯控检查。

3. 做好餐具消毒工作。

（三）始发准备

1. 铺放备品、调整摆放，做到窗帘整洁一致，物品摆放整齐美观。

2. 整理备品、商品按规定定位放置，做到规范统一。

3. 整理人容，出库时在前台面向站台立岗。出站台检查瞭望车门，落实车门自互检制度。

（四）开餐准备

1. 准备托盘、抹布、售饭车、茶水、汤匙、垫碟、筷子、酒具、口纸等，餐饮用具、备品齐全，餐厅环境整洁，光线适宜。

2. 整理商品，明码标价，售饭车有价目表。

（五）供餐作业

1. 盛装盒饭时，点数装车，售饭下车厢。

2. 做好订餐旅客送餐到座席服务，积极深入车厢进行商品销售，满足旅客饮食需求。

3. 分工负责，有序供餐，凭票取食，坚持托盘上餐具、饭菜、撤餐具。

4. 主动为旅客安排餐座，及时疏导，保持秩序良好。

（六）餐后作业

1. 及时收回餐具，放入清洗池消毒浸泡，擦抹餐桌、窗台、售饭车，清洗托盘。

2. 全面恢复餐车卫生，备品归位，及时填写“餐车油垢清扫记录”。

(七)折返作业

1. 清理卫生，整理车容，垃圾装袋、封口、无渗漏，在垃圾投放站定点投放。

2. 安排餐车人员盯控保洁作业，保证安全和折返质量。

3. 在列车长带领下排队入住公寓，遵守入住公寓纪律要求。

4. 出乘前列队测酒，参加返乘会，听取列车长重点工作布置。

(八)终到作业

1. 全面做好终到卫生，不带垃圾、污水进站。全面清点备品。

2. 点数确认，认真与对班班组办理交接，商品、备品分类摆放，手续清楚。

3. 做好核算、交款，账款相符。

六、厨师作业流程

(一)出乘作业

1. 提前提报上料计划单，品种、数量准确，领取餐料。

2. 按时报到规范着装，上交手机，听取餐车长布置本趟车重点工作。

3. 按时接车，与对班班组做好交接。

(二)库内作业

1. 检查炉灶、茶炉、冰箱、炊具等餐车设施，做到设备设施和餐炊具完整齐全，作用良好，标识齐全。

2. 对后厨台面、灶台、地面、冰箱、柜橱、板壁、顶棚、沥水格等进行清洁，无油垢。餐具完好，洗消合格。

3. 核对餐料,及时分类存放、保管,按照预制计划,进行餐料初加工。

(三)始发作业

1. 进站停稳后,在垃圾投放站定点投放。

2. 与餐车长对接开餐事宜,做好供应准备工作。

3. 供电后,按预制计划及时加工半成品。

4. 列车起动出站时,检查瞭望餐车厨房侧门,确认锁闭良好。

(四)供餐作业

1. 合理分配切菜、炒菜、洗消等工作。

2. 先制作盒饭供应车厢内旅客,再开堂饭。

3. 将收回的餐茶具,清理残食、洗净消毒后,存入餐具柜。清理后厨卫生,炉灶、台面、墙壁油垢保持洁净。

4. 及时制作供应乘务餐,保证乘务员饮食质量和营养。

5. 做好重点旅客供餐工作。

(五)餐后作业

1. 厨房电磁灶使用完毕及时断电,刀、板、墩、盆、桶清洗完毕,分类存放。

2. 与餐车长核对销售情况,核算餐料盈亏,结算准确。

3. 炊、餐具洗消归位,地面、台面卫生整洁,冰箱内餐料码放整齐有苫盖,清理灶台、墙壁油垢,保持清洁。

4. 按照餐车长安排做好值班巡视,坚守岗位,落实消防职责。

(六)折返作业

1. 按照餐车长安排,列队前往公寓,领取手机,严禁擅自外出。

2. 出乘前列队测酒,上交手机,参加返乘会,听取列车长重点工作布置。

3. 清点剩余餐料，与餐车长对照修订预制计划，准备炊厨用具，准备供餐。

4. 根据预制的品种、份数分类做好餐料初加工，做好开餐前准备工作。

(七)终到作业

1. 彻底清理后厨卫生，刀板墩盆桶分类放置。剩余餐料分类存入冰箱，垃圾装袋、封口、无渗漏，在垃圾投放站定点投放。

2. 各种厨具、餐具分类，按照清、洗、消、控的程序洗净消毒，分类存放。

(八)退乘作业

1. 餐料备品账物相符，备品损坏及时补齐。

2. 按分工部位彻底清扫卫生，做到后台炊、餐用具彻底洗刷、消毒，冰箱、柜橱、板壁、顶棚、台面、地面清洁，可见部位整洁无油垢。

3. 与对班组做好交接，填写交接记录。

4. 参加退乘会，领取手机。

第二节　乘务有关规定

一、旅客伤病和携带品损失处置规定

在铁路运送期间旅客发生急病、分娩、遇险时，铁路运输企业应当尽力采取救助措施并做好记录。

铁路运输企业应当对铁路运送期间发生的旅客人身损害承担赔偿责任；旅客自身健康原因造成的或者铁路运输企业证明伤亡是旅客故意、重大过失造成的，铁路运输企业不承担赔偿责任。

在铁路运送期间因第三人原因造成旅客人身损害的，由第三人

承担赔偿责任。铁路运输企业有过错的，应当在能够防止或者制止损害的范围内承担相应的补充赔偿责任。铁路运输企业承担补充赔偿责任后，有权向第三人追偿。

在铁路运送期间发生旅客携带品毁损、灭失时，铁路运输企业过错造成的，应当承担赔偿责任。

旅客要求赔偿时，应当提交携带品内容、价格、携带进站乘车等有关证明，按下列规定赔偿：

1. 旅客出具发票（或者其他有效证明）证明购买价格时，以扣除物品合理折旧、损耗后的净值予以赔偿。

2. 以处理单位所在地价格评估机构确定的物品价格予以赔偿。

发生旅客人身损害事故时，旅客可向事故发生站或处理站要求赔偿。

旅客在车站发现携带品损失时，应当在离开车站前向发生站声明；在列车上发现时，应当在下车前声明，由列车长开具客运记录交到站处理。

二、列车长出乘相关规定

乘务员在本段出乘时，要按规定时间由列车长带队到指定地点报到，听取传达有关事项。列车长并应摘抄有关电报、命令、指示。

每次乘务终了，列车长应召开班组会议，总结并向单位领导汇报往返乘务工作情况，提出书面乘务报告。

列车长每次出乘前应编制趟计划，趟计划在乘务报告中显示，其主要内容有：

1. 本次乘务工作中的重点工作安排。

2. 对贯彻上级规章、命令、指示、通知的具体措施。

3. 上次乘务工作中的优缺点及改进措施。

4. 针对接车所发现的问题，应采取的措施。

三、列车查危规定

旅客列车由车长负责，添乘干部协助，组织有关人员加强旅客人身和携带包裹抽验检查，发现禁限物品应及时妥善处理。

对怀疑为危险物品，但受客观条件限制无法认定其性质的，旅客或托运人又不能提供该物品性质或可以经旅客列车运输的证明时，车站有权拒绝其进站乘车或托运，列车应终止其旅行或托运，由列车长编制客运记录，交前方停车站处理。

在列车上查获的禁限物品由列车工作人员妥善保管，并根据物品性质按站车交接程序向前方停车站或车站派出所移交。

铁路工作人员和进入车站区域作业的人员及携带品通过旅客安检通道进入站内必须经过安检，严禁未经安检从出站口进入车站。进入车站区域作业的人员必须佩戴明显标志或持有效作业证件，严禁列车工作人员从客技站内带人随旅客列车车底进站。

四、在电气化铁路附近灭火的规定

1. 电气化铁路附近发生火灾时，应立即通知接触网工区、列车调度员。

2. 用水或一般灭火器浇灭距牵引供电设备带电体不足 4 米的燃着物时，牵引供电设备必须停电；距离牵引供电设备带电部分超过 2 米的燃着物体，若使用沙土灭火时，可在不停电的情况下进行，但须保持灭火机具及沙土等与带电部分的距离在 2 米以上。

3. 距牵引供电设备超过 4 米的燃着物体，可以不停电用水灭火，但水流不应向牵引供电设备方向喷射,并保持水流与带电部分的距离在2米以上。

五、烹饪加工食品要求

烹饪前应认真检查待加工食品,发现有变质或其他感官性状异常的,不得进行烹饪加工。熟食品加工应做到即时制作,即时食用,少量多次,存放时间不超过两小时。剩余熟食品应冷藏保存,需再次使用的,应充分加热,中心温度不低于70 ℃,再加热次数不得超过1次。

六、上水相关规定

普速旅客列车到站前1～2分钟,安排给水的车厢,列车乘务员应通过水压表、水位计、液位仪核实水箱水量;普速旅客列车开车后1～2分钟内,列车乘务员应通过水压表、水位计、液位仪再次核实水箱水量,并在交互系统中填记给水车厢、给水站、是否给水、提交人,并提交给水记录。列车开车后的水箱水量大于到站前的水箱水量或满水,即确认为该车厢已给水,否则确认为该车厢未给水。

七、旅客不文明乘车及违规行为处置规范

1. 扰乱铁路站车运输秩序且危及铁路安全、造成严重社会不良影响的。

2. 在动车组列车上吸烟或者在其他列车的禁烟区域吸烟的。

3. 查处的倒卖车票、制贩假票的。

4. 冒用优惠(待)身份证件、使用伪造和无效优惠(待)身份证件购票乘车的。

5. 持伪造、过期等无效车票或冒用挂失补车票乘车的。

6. 无票乘车、越站(席)乘车且拒不补票的。

7. 依据相关法律、法规应予以行政处罚的。

以上行为,应纳入铁路旅客信用信息记录管理。

站车工作人员应按规定及时处置,明确告知处置依据以及补收运价、加收票款、纳入铁路旅客信用信息管理等后果,如实填写客运记录,载明旅客姓名、有效身份证件类型及号码、住址、联系方式、乘车日期、车次、区间、失信行为、处理情况等信息,并由站车工作人员和旅客本人签字;旅客拒绝签字时应当注明,并通过音视频记录仪、视频监控系统记录处置全过程。同时,收集相关票据、身份信息或照片、文字记录、音视频等资料,原始证据资料由收集单位负责保存,保存期限为6年。

列车上发生的,客运记录和其他相关证据资料的填写和录入工作由客运段负责,对上传信息内容不符合规定的,铁路局集团公司将进行考核。客运段要指定专人负责此项工作,防止出现漏报误报问题。

第三节　服务质量规范精选

一、"三乘"检查制度

列车始发前及途中,客运、车辆、公安等人员按照职责分工分别对列车上部设备设施进行检查,发现问题各自填入"三乘检查记录"并通知车辆人员处置,涉及行车、人身安全的及时采取临时处置措施。列车终到前,已经修复的在"三乘检查记录"上标记并由"三乘"人员签字确认后,交车辆乘务员。

二、安全设备设施要求

各车厢灭火器、紧急制动阀、人力制动机、紧急破窗锤、灭火毯、防毒面具、应急手电筒、扩音器等安全设备设施配齐配全，作用良好，定位放置。乘务人员知位置、知性能、会使用。

三、餐车电器设备要求

定期对餐车炉灶（台面）、器具进行油垢清理。餐车炉灶台面一餐一清；炉灶墙壁、抽油烟机、排烟罩和烟道的表面可见部位一趟一清。

电气化厨房设备在明显位置粘贴操作说明和安全操作规程，使用前确认电源控制柜技术状态良好，操作时按规定使用电磁炉、电炸炉、电烤箱、微波炉、电冰箱、蒸饭箱等电器设备，使用中有人监管，用后清洁，餐车离人断电。灶台上保持干燥、清洁，不放导磁体。不使用电磁炉油炸食品。不带电清洁和用水冲刷，不自行拆卸电气设备。电气化餐车电炸锅内油面高于1/4 油锅深度，最高油面高度不超过油位警告标志，油温设定值严禁超过200 ℃。

四、车门管理制度

1. 车门管理做到停开、动关、锁，出站台检查瞭望值乘区域车门。车站开车铃声结束、旅客乘降完毕后上车放下脚踏板（低站台），在车门口值守做好关门准备（塞拉门应关闭车门），车动关闭车门；进站提前到岗，确认站台，试开车门（塞拉门除外），停稳开门，卡牢翻板，无旅客从背面车门下车。试开车门时开启车门缝隙不超过10 厘米，确认车门状态良好后立即关闭。始发、终到客流较大时双开车门组织乘降,一人值乘多个车厢时,由车站负责值守增开的车门。

列车运行中,载客车厢连接端门不锁闭,特殊情况需要锁闭时,应有工作人员监管,需要时能随时打开。车门及餐车厨房边门、走廊边门、厨房后门锁闭;行李车、发电车端门锁闭,但与车厢连接端门锁闭后可用列车通用钥匙打开。到站前、开车后疏通通道。列车站停期间,卧车端门按照值乘范围锁闭相应车厢端门。

2. 列车首节车辆前部、尾节车辆后部设有外端门、防护栏和“禁止通行、当心坠落”标志,外端门运行中锁闭。餐车后厨边门窗户不是内翻可开启式的,边门外加装防护栏并加锁固定牢固。列车首尾载客车厢内端门运行中锁闭,在内端门设置“旅客止步”标志。

临时停车时做好宣传,加强巡视,确保车门锁闭,严禁旅客上下车,未经列车长统一组织不准开启车门。列车启动后四门检查瞭望。

五、停站旅客乘降组织规定

停站立岗时,面向旅客放行方向立岗(高站台时不背对车厢连接处立岗),做好安全宣传,验票上车,重点帮扶,安全乘降。

高站台乘降作业时,车门口与站台间使用安全踏板,组织乘降的车门与相邻车厢间空档处设置警示带。安全踏板制作轻巧牢固,安放平稳,隐蔽定位放置。警示带印有反光材料制作的“请勿靠近、当心坠落”字样及当前、相邻车厢顺号,设置方式、位置统一。临时双开车门组织乘降时,增开的车门可不设置安全踏板和警示带。

六、车内禁烟和行李架整理规定

1. 车厢内禁止吸烟,加强禁烟宣传,发现禁烟区吸烟行为及时劝阻,并由公安机关依法查处。允许吸烟的处所有“吸烟处”标志和安全注意事项告知揭示，配备烟灰盒。

2. 行李架物品摆放平稳、牢固、整齐。大件行李妥善放置，不占用席(铺)位，不堵塞通道。锐器、易碎品、杆状物品及重物等放在座(铺)位下面。衣帽钩限挂衣帽、服饰等轻质物品。

七、携带品可疑及无人认领的物品的规定

1. 发现旅客携带品可疑及无人认领的物品时，配备乘警(或列车安全员，下同)的列车通知乘警到场处理；未配备乘警的由列车长按规定处理，对危险品做好登记、保管及现场处置，并交前方停车站(公安部门)处理。

2. 发现行为、神情异常的旅客时，重点关注，配备乘警的列车通知乘警到场处理；未配备乘警的由列车长按规定处理，情形严重时交列车运行前方停车站处理。

3. 发生旅客伤病时，提供协助，通过广播寻求医护人员帮助；情形严重的，报告客调。

4. 办理站车交接时，原则上在列车中部办理交接。

八、列车服务备品要求

1. 服务备品、材料等质地符合国家环保规定，质量符合要求，色调与车内环境相协调。

2. 服务备品齐全，干净整洁，定位摆放。布制、易耗备品备用充足，保证使用。布制备品按附录规定的时间使用和换洗，有启用时间(年、月)标志。

3. 车厢备品。

(1)软卧车(含高级软卧车)备品如下：

——使用遮光帘和纱帘。

——厕所配有大盘卷筒卫生纸,坐便器配有一次性坐便垫圈。

——洗脸间有洗手液(皂)、垃圾桶。

——走廊有地毯,边座有套。包房内有被套、被芯、枕套、枕芯、床单、垫毯、卧铺套、靠背套、茶几布、一次性拖鞋、衣架、不锈钢果皮盘、带盖垃圾桶、热水瓶;高级软卧车包房内还有面巾纸盒。

——乘务员室备有托盘、热水瓶(根据需要增配防倒架)和一次性硬质塑料水杯。

(2)软座车备品如下:

——使用遮光帘和纱帘。

——坐便器配有一次性坐便垫圈。

——有座席套、头靠套(头枕片)、果皮盘。

——乘务员室备有热水瓶(根据需要增配防倒架)。

(3)硬卧车备品如下:

——使用遮光帘。

——坐便器配有一次性坐便垫圈。

——有卧铺套、被套、被芯、枕套、枕芯、床单、垫毯和边座套,每格有不锈钢果皮盘。

——乘务员室备有卫生纸、热水瓶(根据需要增配防倒架)。

(4)硬座车备品如下:

——使用遮光帘。

——每格有果皮盘。

——有座席套、头靠套(片)。

——乘务员室备有热水瓶(根据需要增配防倒架)。

(5)餐车备品如下:

——有售货(饭)车、热水瓶、一次性水杯。

——使用遮光帘和纱帘。

——台面有台布,座椅有套。餐、茶、酒具等器皿规格统一,花色一致,齐全无破损。备有调味品容器、牙签盅、餐巾纸和清真炊、餐具、托盘、席位牌。

4. 贴身卧具(被套、床单、枕套)和头靠套干燥、清洁、平整,无污渍、无破损;已使用与未使用的折叠整齐,分别装袋保管。卧具袋防水、耐磨,干净,无破损。贴身卧具与其他布质备品分类洗涤;洗涤、存储、装运及更换不落地、无污染。可使用独立包装的贴身卧具供途中、折返更换。

5. 卧车垫毯、被芯、枕芯等非贴身卧具备品干燥、清洁,无污渍、无破损,定期晾晒。被芯、枕芯先加装包裹套,再使用被套、枕套。包裹套半年清洗一次,保持干燥整洁。

6. 布制备品定位存放在备品柜内。无备品柜或备品柜容量不足的,硬卧车定位放置在4、5、18、19号卧铺下,软卧车定位放置在3、7、11号卧铺下。

7. 车内清扫工具放置在清洁柜内,无清洁柜的定位隐蔽存放。有厕所专用清扫工具,定位存放厕所内或与车内清扫工具分开放置在清洁柜内,不影响旅客使用空间。

8. 载客车厢配备安全踏板和警示带,定位(隐蔽)存放。

9. 垃圾箱(桶)内用垃圾袋,垃圾袋符合国家标准,印有使用单位标志,与垃圾箱(桶)规格匹配,厚度不小于0.025毫米。餐车厨房配备专用垃圾袋,厚度不小于0.04毫米。

10. 列车配有站车无线交互手持终端(含补票程序);乘务人员

配置具备录音功能的手持电台及音视频记录仪。设备电量充足,作用良好。站车无线交互手持终端在始发前登录,途中及时更新信息。

九、列车整备出库标准

1. 车厢内外各部位整洁,窗明几净,四壁无尘,物见本色。

车外皮、车梯、翻板内外、窗门框及玻璃、扶手干净、无污渍。

天花板(顶棚)、板壁、边角、地板、连接处、灯罩、座椅(铺位)、暖气罩、空调口、通风口、电茶炉等部位清洁卫生,无尘无垢,缝隙无杂物。

热水瓶、果皮盘、垃圾箱(桶)、洗脸间内外洁净。

餐车橱、柜、箱干净无异味,分类标志清晰,餐料、商品、备品和餐、炊具等分类定位放置。

厕所无积便、积垢、异味,地面干净无杂物,便器排污管及内边沿无积垢。集便式厕所污物箱内污物排尽。

2. 布制品、消耗品和清扫工具等服务备品配备齐全,定位放置,定型统一。

卧具叠放整齐,摆放统一,床单、头枕套、座席套、茶几布等铺设平整,干净整洁。窗帘、纱帘悬挂整齐,定型统一,美观大方,无脱扣。

洗手液、卫生纸、面巾纸、一次性坐便垫圈等服务备品补足配齐,定位放置。

清扫工具、活动顺号、安全踏板、警示带等备品定位放置,不影响旅客使用空间。

办公席、乘务员室各种资料、备品定位摆放,干净整齐。

3. 定期进行"消、杀、灭",蚊、蝇、蟑螂等病媒昆虫指数及鼠密度符合国家规定。

十、列车途中作业标准

1. 各处所清扫及时，保持整洁卫生。

各处所地面墩扫及时，干燥、干净；台面、桌面、面镜擦抹及时，干净、无水渍；中途站擦扶手，低站台停车时擦翻板扶手。

洗脸(手)池、电茶炉沥水盘、餐车洗碗池清理、擦抹及时，无污渍，无残渣，无堵塞，无积水；果皮盘、垃圾箱(桶)清理及时，无残渣；厕所畅通无污物，无异味，集便式厕所按规定吸污。

餐车餐桌、吧台、厨房地面和工作台，以及各橱、箱、柜内保持洁净。厨房垃圾使用专用垃圾袋收纳，与列车其他垃圾分类管理。

2. 洗手液、卫生纸、面巾纸、一次性坐便垫圈等备品补充及时；卧具污染更换及时。

3. 垃圾装袋、封口、无渗漏，定位放置，在指定站定点投放；不向车外扫倒垃圾、抛扔杂物。

十一、列车终到折返站作业标准

1. 终到标准。终到站时车内无垃圾，无污水，无粪便。垃圾装袋、封口、无渗漏，到站定点投放。

2. 到站立即折返标准。

车厢地面、通过台、连接处、行李架、扶手及座椅(铺位)、暖气罩、边角等部位干净整洁，通风口、电茶炉下、洗脸间下等隐蔽处所无积垢，无杂物。垃圾箱(桶)内无垃圾，无异味。

果皮盘、热水瓶内外洁净；垃圾箱(桶)、洗脸间四周洁净。

餐车橱、柜、箱干净无异味，分类标志清晰，餐料、商品、备品和餐、炊具等分类定位放置。

洗脸间、厕所面镜洁净,洗脸(手)池、便器无污物、无异味。电茶炉沥水盘洁净。

3. 布制品、消耗品和清扫工具等服务备品配备齐全,定位放置,定型统一。

卧具叠放整齐,摆放统一,床单、头枕套、座席套、茶几布等铺设平整,干净整洁。窗帘、纱帘悬挂整齐,定型统一,美观大方,无脱扣。

洗手液(皂)、卫生纸、面巾纸、一次性坐便垫圈、垃圾袋等服务备品补足配齐,定位放置。

清扫工具、活动顺号、安全踏板、警示带等备品定位放置,不影响旅客使用空间。

办公席、乘务员室各种资料、备品定位摆放,干净整齐。

十二、列车文明服务规定

1. 仪容整洁,着装统一,整齐规范。

头发干净整齐、颜色自然,不理奇异发型、不剃光头。男性两侧鬓角不得超过耳垂底部,后部不长于衬衣领,不遮盖眉毛、耳朵,不烫发,不留胡须;女性发不过肩,刘海长不遮眉,短发不短于7厘米。

面部、双手保持清洁,身体外露部位无文身。指甲修剪整齐,长度不超过指尖2毫米,不染彩色指甲。女性淡妆上岗,保持妆容美观,不浓妆艳抹。

乘务组换装统一,衣扣拉链整齐。着裙装时,丝袜统一,无破损。系领带时,衬衣束在裙子或裤子内。外露的皮带为黑色。佩戴的外露饰物款式简洁,限手表一只、戒指一枚,女性还可佩戴发夹、发箍或头花及一副直径不超过3毫米的耳钉。不歪戴帽子,不挽袖子和卷裤脚,不敞胸露怀,不赤足穿鞋,不穿尖头鞋、拖鞋、露趾鞋,鞋的颜色为深色系,鞋跟高度不超过3.5厘米,跟径不小于3.5厘米。

佩戴职务标志,胸章牌(长方形职务标志)戴于左胸口袋上方正中,下边沿距口袋1厘米处(无口袋的戴于相应位置),包含单位、姓名、职务、工号等内容。臂章佩戴在上衣左袖肩下四指处。按规定应佩戴制帽的工作人员,在执行职务时戴上制帽,帽徽在制帽折沿上方正中。除列车长外,其他客运乘务人员在车厢内作业时可不戴制帽。

餐车工作人员作业时着工作服,戴工作帽(女性带三角巾)和围裙。

2. 表情自然,态度和蔼,用语文明,举止得体,庄重大方。

使用普通话,表达准确,口齿清晰。服务语言表达规范、准确,使用"请、您好、谢谢、对不起、再见"等服务用语。对旅客、货主称呼恰当,统称为"旅客们、各位旅客、旅客朋友",单独称为"先生、女士、小朋友、同志"等。

旅客问讯时,面向旅客站立(列车办公席工作人员办理业务时除外),目视旅客,有问必答,回答准确,解释耐心。遇有失误时,向旅客表示歉意。对旅客的配合与支持,表示感谢。

坐立、行走姿态端正,步伐适中,轻重适宜。在旅客多的地方,先示意后通行;与旅客走对面时,要主动侧身面向旅客让行,不与旅客抢行。列队出(退)勤(乘)时,按规定线路行走,步伐一致,箱(包)在同一侧。

立岗姿势规范,精神饱满。站立时,挺胸收腹,两肩平衡,身体自然挺直,双臂自然下垂,手指并拢贴于裤线上,脚跟靠拢,脚尖略向外张呈"V"字形。女性可双手四指并拢,交叉相握,右手叠放在左手之上,自然垂于腹前;左脚靠在右脚内侧,夹角为45°呈"丁"字形。

列车进出站时,在车门口立岗,面向站台致注目礼,以列车进入站台为开始,开出站台为止。办理交接时行举手礼,右手五指并拢平展,向内上方举手至帽沿右侧边沿,小臂形成45°角。

清理卫生时,清扫工具不触碰旅客及携带物品。挪动旅客物品时,征得旅客同意。需要踩踏座席、铺位时,戴鞋套或使用垫布。占用洗脸间洗漱时,礼让旅客。

夜间作业、行走、交谈、开关门要轻。进包房先敲门,离开时,应倒退出包房。

不高声喧哗、嬉笑打闹、勾肩搭背,定时定点用乘务餐,其他时段不在旅客面前吃食物、吸烟、剔牙齿和出现其他不文明、不礼貌的动作,不对旅客评头论足,接班前和工作中不食用异味食品。餐车对旅客供餐时,不在餐车逗留、闲谈、占用座席、陪客人就餐。

3. 温度适宜,环境舒适。

车厢内空气质量符合国家标准。发电车供电的空调客车须在列车始发前60分钟供电并开启空调预冷预热,机车供电的空调客车须在列车始发前60分钟(特殊情况40分钟)完成机车连挂和供电,对车厢进行预冷或预热;空调温度调节适宜,体感舒适,原则上保持冬季18 ℃~20 ℃,夏季26 ℃~28 ℃。

车内照明符合规定。夜间运行(12:00—次日7:00)时,硬卧车和软、硬座车照明开关置于半灯位,洗面灯开关置于开位;始发、终到站和客流量大的停站,以及列车途经地区与北京时间存在时差时可适当调整。列车终到后供电时间不少于30分钟;入库期间以及使用发电车或具备地面电源供电的折返停留列车供电时间不少于4小时,停留不足4小时的不间断供电。

十三、广播视频规定

1. 广播常播内容录音化。使用普通话。经停民族自治地区车站的列车可根据需要增加当地通用的民族语言播音。直通列车可增加英语播报客运作业信息。

2. 广播语音清晰,音量适宜,用语准确,内容丰富,更新及时,形式多样,健康活泼,不干扰旅客正常休息。视频播放画面清晰,外放声音不得影响列车广播的正常播放,且音量不得高于30分贝。

3. 广播及集中控制的视频播放时间为7:00—12:30、15:00—21:30。列车在7:00以前或21:30之后始发或终到的,或者根据季节、昼夜变化情况,可以提前或顺延30~60分钟,其他时间只能播报应急广播。途经地区与北京时间存在时差时,可适当调整。

4. 广播内容以方便旅行生活为主。始发前,播放旅客引导、行李摆放提示、列车情况介绍以及禁止携带危险品、禁止吸烟等内容。运行中,播放列车设施设备、旅客安全须知、旅行常识、旅行生活知识、治安法制宣传、卫生健康、餐售经营等宣传及前方停站、到站信息预播报等内容,适当插播文艺娱乐、文明礼仪、地方概况、沿线风光、民俗风情、广告等节目。

5. 列车停站信息预、播报及时。执行"一站两报",即开车后预告下一到站站名和时刻;到站前(不晚于到站前10分钟)再次通报。开车后、到站前硬座车厢乘务员双车(边)通报。

十四、厕所锁闭规定

列车渡海以及运行在市区、长大隧道、大桥和站停3分钟及以上的停车站锁闭厕所;中途停车站提前5分钟、终到站提前10分钟锁闭厕所。集便式厕所吸污时或未供电时锁闭厕所,其他时间不锁厕所。厕所锁闭时,为特殊情况急需使用厕所的旅客提供方便。

十五、始发立岗、卧铺使用、发售规定

1. 在始发站根据车站通知、在中途站列车停稳后打开车门组织旅客乘降；开车铃响，面向列车，足踏安全线，铃止登车，做到行动迅速，作业统一。遇有高寒、高温、雨雪天气或在办理客运业务的中间站长时间停靠时，列车长与车站确认没有旅客乘降后，可统一组织乘务员提前上车，保留正对车站放行通道的车门开放，其余车门暂时关闭，乘务员在车门口立岗。

2. 除一站直达列车外，卧车在到站前30分钟唤醒旅客，及时提醒旅客做好下车准备，不干扰其他旅客。卧车贴身卧具一客一换，卧具终点站收取。夜间运行，卧车乘务员在边凳值岗，定时巡视车厢。始发后和进入夜间运行前，客运乘务人员对卧车核对铺位，对座车进行旅客去向核实。

3. 列车剩余铺位在列车办公席或指定位置公开发售。

十六、餐食情况检查标准

1. 经营证照齐全有效，经营项目、收费价格公开，无只收费不服务行为；提供发票。

2. 储藏室（柜）、冰箱、吧台、橱柜等处所不随意放置私人物品。餐料、商品在餐车储藏柜、冰箱内等处所定位放置，不占用旅客使用空间。

3. 食品加工用具（刀、板、墩、盆、桶等）有生熟（或成品、半成品，下同）标记，并按标记使用。冰箱使用垫布、盖布，并分别按生熟标记、存放。

4. 厨房有防蝇、防尘、灭鼠措施。

5. 有符合要求的洗消设备和消毒药品,炊、餐、茶、酒具清洁、消毒合格。

6. 销售无包装直接食用的食品时有防蝇、防尘措施,加盖洁净、消毒合格的苫布(盖),不徒手接触食品。

7. 厨房前门(无前门的在后门处)悬挂印有"非工作人员禁止入内"字样的挡帘。除检查等工作必须外,非餐车工作人员不进入餐车厨房。餐车刀具和锅铲等可移动铁器定人管理,定位隐蔽存放,使用完毕后及时归位。

第四节　重点旅客服务

一、重点旅客服务内容和旅客分类

1. 重点旅客(可包括不超过 2 名随行陪同人员)和特殊重点旅客,可享受列车优先验证、优先上车、引导服务、协助乘降以及列车内随访关照等服务,为视力残疾旅客携带导盲犬提供便利,使用无障碍卫生间,以及其他无障碍服务设施等服务。

2. 特殊重点旅客服务细分为无陪伴年长旅客服务、无陪伴孕妇旅客服务、视觉/听觉障碍旅客服务、轮椅/担架(车)行动障碍旅客服务、携带导盲犬旅客服务。

(1)无陪伴年长旅客服务,一般指面向年龄超过 65 周岁,单独乘车且行动不便,需要进出站引导以及途中随访关照旅客所提供的服务。

(2)无陪伴孕妇旅客服务,一般指面向怀孕超过 36 周(含)或预产期在 4 周(含)以内,单独乘车,需要进出站引导以及途中随访关照旅客所提供的服务。

(3)视觉/听觉障碍旅客服务,指面向视觉(双目有缺陷、失明)/听觉(双耳听力缺陷)障碍旅客所提供的服务。

(4)轮椅/担架(车)行动障碍旅客服务,指面向因病因残导致行动不便且有服务需求旅客所提供的服务。

(5)携带导盲犬旅客服务,指面向因视觉障碍,需携带取得导盲犬工作证,辅助视力残疾人工作、生活的导盲犬进站乘车旅客所提供的服务。

二、服务流程和措施

1. 指挥中心接到客服中心“工单”信息,应立即按流程将“工单”流转至客运段车队、指导小组。对出乘前接到的“工单”,客运段安全生产调度指挥中心应在客运段指导小组出乘点名时进行提示。

2. 指导列车长接到系统流转的特殊重点旅客预约申请或指挥中心流转的“工单”后,应根据特殊重点旅客所在车厢、位置,指导临客担当单位提前做好人员安排和服务准备工作。对于车站交接的,或运行途中发现的符合服务条件的特殊重点旅客时,乘务人员应及时纳入“铁路畅行”爱心服务范围。

3. 列车在有运输能力情况下,应尽可能为同席别不同车厢或不相邻的陪伴人员安排临靠特殊重点旅客的座位,或为不同席别的陪同人员、特殊重点旅客优先办理补票升席服务,并协助做好旅客助残设备存放。

4. 在列车上旅客现场提出服务需求时,对符合服务条件的,乘务班组应核实特殊重点旅客身份信息与到站信息,及时使用客运站车无线交互手持终端或电话通知旅客到站。

5. 特殊重点旅客乘车期间应按规定出示与线上提交信息相一

致的相关有效证明材料，列车按照旅客预约的服务信息提供相应的服务需求。在旅客乘车期间应做好重点关注，服务做到重点照顾。

6. 特殊重点旅客列车到达目的地车站前，列车应根据服务需求，做好人员安排协助旅客下车，对持联程车票的特殊重点旅客应与换乘站配合做好换乘服务。列车应与车站做好信息通报和服务交接，做到交接事项清楚，交接流程规范。

三、服务管理

1. 旅客通过规定渠道提交预约申请的，并不表示该服务已经申请成功，铁路部门可能因客运站车承运数量限额、服务保障能力不足等原因而不能满足重点旅客的需求。同时，铁路部门将对证明材料和相关信息真实性进行核查，对不符合受理条件的，铁路部门除有权拒绝提供服务外，还可以在一定期限内限制其服务申请。

2. 属于下列行为的，铁路部门有权拒绝提供服务，但应做好解释说明工作。

(1)不满足年龄条件，或不满足单独出行要求等不符合预约申请条件的。

(2)持伪造、过期等无效证明材料或冒用他人有效证明材料的。

(3)提供的证明材料不符合规定，或无法提供规定的有效证明材料的。

(4)现场临时提出申请，或明显超过约定时间到达车站，铁路客运站车现场不具备服务保障能力的。

(5)提出的服务要求，明显超出铁路旅客运输服务范围和能力的。

3. 因列车停运或旅客自行办理退票，其所办理的特殊重点旅客预约申请随即自动取消,相关信息提示系统自动推送至客服中心和客运站车。当旅客乘坐的列车发生变动或旅客自行办理改签,预约申请随即自动取消,特殊重点旅客需重新办理特殊重点旅客服务申请。旅客因自身原因,需要取消重点旅客服务预约申请时,应在乘车站列车开车前2小时通过线上渠道或12306客户服务热线渠道办理取消服务,也可在需提供服务的车站12306服务台或综合服务中心办理取消服务。

4. 对违反相关规定,发生下列行为的,旅客将在行为发生日180天内无法通过线上渠道办理相关服务的预约申请。

(1)不符合预约申请条件,但连续2次办理预约申请的。

(2)在1年内办理重点旅客服务预约申请成功后,累计2次未如约到达车站的。

(3)在30天内预约申请重点旅客服务后,因自身原因需要取消重点旅客服务预约申请的,累计2次未在规定时间内办理取消的。

(4)持伪造、过期等无效证明材料或冒用他人有效证明材料的。

(5)在服务过程中,存在辱骂、殴打客运服务人员等不文明行为的。

5. 非无陪伴年长旅客、非无陪伴孕妇旅客,以及视觉/听觉障碍旅客、轮椅/担架(车)行动障碍旅客、携带导盲犬旅客,在列车现场经判断确有帮扶必要的,原则上可有不超过2名随行陪同人员,随行陪同人员可随特殊重点旅客享受列车优先服务,超出的人员应按照普通旅客执行。

第三章 安全管理

本章内容主要包括双重预防机制修订与制定、消防知识应知应会(含“一图一表”)、人身及作业安全、人身伤害典型案例(“黑天鹅”“灰犀牛”事件运用研判)、库内人身安全防控与设备质量检查、应急处置。

第一节 列车岗位风险项点

列车岗位风险项点见表3-1。

表3-1 列车岗位风险项点

序号	项目	等级	风险项点	管控措施
1	调令管理	重大	调度命令未及时签收、核对、传达,造成漏签、错传、漏传;未执行或执行过程中拖拉、扯皮	出乘前到达车队后认真核对调度命令,时刻关注车队通知,严格执行接令、核令、传令、落令等相关要求,组织班组落实上级文电、命令要求,做好现场管控,发现问题及时处置,汇报
2	重点交接		五类人员及特殊重点旅客未按规定办理站车交接,造成旅客掉下、跳下站台或进入区间	严格落实站车交接制度,对精神异常旅客按规定做好交接
3	库内作业		库内作业车辆线间作业或横越线路时,未按规定设置防护	加强对现场作业情况的检查盯控,认真执行危险作业防护制度,防止人身伤害事故发生

续上表

序号	项目	等级	风险项点	管控措施
4	电器管理	重大	旅客列车电气设备必须保持状态良好,电器元件应安装牢固,接线与插座无松动,按钮开关指示灯作用良好;严禁乱拉电线和违章安装、更换电气装置、元件,严禁擅自使用电热器具等电器。配电室内禁止存放物品,配电箱、控制箱内及上部不得放置物品,门锁必须良好,人离锁闭;可燃物品不得贴靠采暖装置;旅客列车取暖和蒸饭锅炉、茶炉应配件齐全、状态良好	严格落实"三乘"检查制度,做好车内巡视,遇电器松动及其他问题及时通知检车修复。严禁乱动电器设备,违章操作。冬季采暖期间,严格落实禁、检、勤、定规定。加强现场巡视检查和考核
5	库内消防	重大	列车运行中、库内整备作业或在明示严禁烟火、周围有易燃易爆物的区域吸烟、使用明火或乱丢火种。不用水冲刷车内地板、连接处和车内电器设备	严格落实车内巡检制度,对地面烟头等易燃物做到及时清理和处置,库内作业严禁用水冲刷地板,加强车内、库内巡视检查
6	车门管理	较大	普速旅客列车车门上下锁、塞拉门隔离锁、行李车货舱门未锁闭	严格落实旅客列车车门管理规定,强化职工安全思想意识,加强重点盯控,发现问题及时处置
7	车门管理	较大	普速旅客列车首、尾部防护栏未安装,首尾端门未锁闭	按列车车门管理规定盯控班组作业程序落实,对检查发现问题班组分析考核并及时汇报
8	行包安全	较大	普速旅客列车行李车货物未按规定装载,发生偏载、超载问题	组织落实段行包运输管理细化措施,加强行李员作业标准教育培训,盯控行李员根据装车计划和行包情况,合理安排行包货位,指定装载货位,发现问题严肃处理

续上表

序号	项目	等级	风险项点	管控措施
9	设备管理	较大	列车紧急制动阀按钮和紧急制动手柄管控不到位，有人误动	严格落实列车重点部位巡视检查制度，遇突发情况，按照应急处置流程进行处理
10	设备管理		关闭、破坏直接关系生产安全的视频监控、报警、防护、救生设备设施或者篡改、隐瞒、销毁其相关数据、信息	严格落实使用管理规定，督促班组职工爱护设备设施，加强使用的现场检查，发现损坏、丢失及时汇报、申请补领，不得影响使用
11	列车消防		餐车配备的微波炉、电磁炉等餐饮炉具使用时，应有人监管，用后清洁，餐车离人断电；电气化厨房设备在明显位置粘贴操作说明和安全操作规程，使用前确认电源控制柜技术状态良好，操作时按规定。普速旅客列车餐车炉灶台面、墙壁、抽油烟机、排烟罩、烟道的表面可见部位应洁净无油垢，保持清洁记录	严格落实电器操作规定，对餐饮炉具用后做好清洁，按照餐清理和趟清理、重点部位清理要求，及时清理，认真做好记录
12	乘降组织		列车启动前工作人员或旅客抢上、抢下、扒门、扒车	结合客流量做好安全预想及措施。列车启动前做好瞭望确认具备发车条件工作，严防抓车、扒车情况发生。严格落实段列车作业管理规定，做好现场盯控，发现职工违章作业及时制止，妥善处理
13	车辆撞轧		普速旅客列车临时停车，乘务员擅自组织乘降或背面开门上下旅客	落实普速旅客列车车门管理规定遇临时停车做好风险研判电台指挥班组临时停车生产组织，盯控重点人员发现问题分析整改及时汇报

续上表

序号	项目	等级	风险项点	管控措施
14	车辆撞轧	较大	库内乘务、保洁员转场作业及备品作业人员在运行的机车、车辆抢越线路或未执行“一停、二看、三指认、四通过”确认制度或无人监管，通过平交道口时拨打手机	加强职工安全教育，强化人身安全意识，发现问题及时处置
15	车辆撞轧	较大	站场、库内集体出退乘未按规定路线列队行走，未设置专人防护	严格落实职工出退乘管理办法，执行部门制定走行线路图，规范现场管理，发现问题及时纠正
16	职工两纪	较大	班前、班中饮酒或值乘中打盹睡觉、串岗聊天、玩手机	加强现场的管控工作，按照手机使用管理制度、测酒制度、红线防止触碰具体措施以及乘务作业纪律相关文件要求，做好当班玩手机、吸烟、串岗、睡觉等关键项点的盯控检查，发现问题及时处置
17	委外管理	较大	对委外作业人员行为失管失控	认真落实段委外单位及委外作业人员安全管理办法，现场加强对委外人员作业监管力度，落实对委外作业监管职责。发现问题立即上报
18	车门管理	一般	普速旅客列车开车后或临时停车，乘务员未落实车门自互检及车内巡检制度	落实车门管理规定及作业程序卡控班组作业质量，发现问题班组分析整改考核并及时汇报车队
19	车门管理	一般	到站后车门无法打开、开车前车门无法关闭、运行中车门故障，列车工作人员未及时妥善处置	认真落实相关规章制度，熟练掌握应急处置流程，车门发生故障时按规定处置

续上表

序号	项目	等级	风险项点	管控措施
20	列车消防	一般	库内整备作业期间、运行途中,列车消防设备设施及广播室、餐车、行李车等重点部位,未落实定时巡视检查制度;行李车严禁使用明火或电炉烧水做饭,未经国铁集团车辆主管部门批准严禁擅自增设使用各种电器。宿营车、行李车、发电车禁止烟火。旅客列车上的通道必须保持畅通,不得堵塞车门。禁烟场所发现旅客吸烟应及时制止	落实段普速旅客列车车底停留期间,库内作业规定。加强车内和运行中重点车厢的巡视,认真巡视,及时制止
21	地勤消防		车厢内违规存放易燃品	严格落实规定,及时制止
22	地勤消防		列车消防设施、器材未落实定期巡视检查制度,未按规定数量、位置配备并进行日常检查	落实段普速旅客列车消防巡检规定,加强车内和运行中重点车厢的巡视,认真巡视
23	地勤消防		用电设备离人充电,电气设备安装、电线铺设不符合规定	加强对各办公场所和岗点消防用电巡查,严禁使用各类不符合规定的电器、电线、接地装置
24	锅炉管理		电茶炉缺水运行,餐车蒸饭箱运行中缺水干烧	掌握日常操作使用方法,加强巡视检查,发现问题及时处置
25	乘降组织		高站台旅客乘降作业,未按规定使用安全踏板、警示带,安全踏板未按规定隐蔽定位存放	列车长统一指挥班组生产,盯控班组作业程序落实,发现问题妥善处置对责任人员分析整改考核
26	乘降组织		站停作业中乘务员晚出场、早退场、不出场,普速旅客列车站停时乘务员未打开车门组织乘降	严格落实段普速旅客列车车门管理规定,乘务作业中加强对各岗点作业标准落实情况的,发现问题及时处理

续上表

序号	项目	等级	风险项点	管控措施
27	库内作业	一般	库内车底上下人员、各类备品整备作业时,未按规定设置防护	严格落实库内上下车设置防护要求,按规定做好防护
28	作业管理		违规操作电器设备或在未断电情况下使用湿抹布擦拭电器设备、电源插座及湿手触碰电器设备	严格落实段防止人身伤害安全措施、段防触电人身安全红线卡控标准,全员掌握作业过程中危险源及危险点,发现问题及时处置
29	作业管理		作业人员违反设备操作规程,操作不当、管理不当	严格落实电器等各种设备的操作规定,规范操作
30	旅客安全		行李架上有铁质、易坠落物或行李放置不稳固	值乘中加强检查巡视,提示各车厢乘务员执行作业程序落实作业标准
31	旅客安全		列车工作人员乘降组织、车内巡视未做安全宣传提示	乘务作业中督促各车厢乘务员执行作业程序落实作业标准。对旅客的不安全行为及时制止,做好安全提示和宣传工作
32	旅客安全		售货(饭)车车内停留时未采取制动措施,站停期间未与站台平行停放或无人看管	盯控售货(饭)车闲置停用时的管理。对发现的问题及时处置
33	旅客安全		列车医药器械、应急备品使用后未及时补充或过期药品未更换	严格遵守列车医药箱使用管理办法,落实始发检查核对、途中检查及终到交接等各环节作业流程。发现问题及时处置
34	交通安全		乘务人员未按规定走行路线出、退乘人员违反道路交通法律法规	严格落实职工出退乘管理办法,执行部门制定走行线路图,规范现场管理,发现问题及时纠正

续上表

序号	项目	等级	风险项点	管控措施
35	饮食安全	一般	使用、出售无生产单位、生产日期、保质期和过期、变质食品	严格落实食品安全管理制度，加强对出售食品的检查管理，防止三无、过期、变质产品出售的问题发生。发现问题及时处置
36	资格培训		未落实资格性、适应性培训要求，未定期开展劳动安全教育培训	班前检查班组职工资格性培训、适应性培训情况
37	资格培训		未按规定签订、履行师徒合同，作业中师徒分离	加强新职人员管理，对履行师徒合同三新人员加强人身安全教育，加强现场管控，发现问题及时处置
38	资格培训		对保洁人员安全培训未做到"一证双审、一证双章"	各岗点业务指导、班长组织质检员落实车间相关要求，加强委外现场检查，做到"一证双审、一证双章"
39	信息管理		现场应急处置、安全信息未按规定及时汇报	提升应急处置能力，突发情况应急处置临危不乱，按规定处置、汇报
40	票据安全		出乘前自检设备确保状态使用良好。票据票款未落实请领、保管、使用、交接制度，列车票据票款未及时入保险柜乱码锁闭。列车长用于列车补票无线交互手机终端保管不善、密码设置不规范，不得安装与列车移动补票无关的应用程序，不得私自拆卸物联网卡和SIM卡	严格落实票据、票款请领、保管、使用、交接制度。规范作业流程，发现问题及时处置
41	制度缺失		技术标准、操作规程、岗位作业指导书、有效规章文电及应急预案等存在严重缺陷	组织班组成员落实规章制度，学习落实上级文件、电报、命令要求

续上表

序号	项目	等级	风险项点	管控措施
42	安检查危	一般	锂电池发生冒烟、起火应急处置不当	严格落实充电宝应急处置流程,通过学习会,做好日常的流程学习
43	车门管理	低	普速旅客列车车门捆绑带破损、反穿或扣卡、栓系不牢	严格按照相关规定落实“三乘”检查制度,认真履职尽责如实填写检查记录
44	车门管理		普速旅客列车组织乘降未打开车门翻板或翻板卡销未入槽卡牢	加强对现场作业制度落实、车门管理、乘降组织方面的监督检查
45	应急培训		未定期组织作业人员进行消防培训和应急演练	按规定落实消防应急处置演练培训工作,组织好班组开展应急演练,提高班组人员应急处置能力
46	乘降组织		普速旅客列车未做双边通告、到站播报,卧车到站前未及时唤醒旅客	加强对乘务员现场作业制度落实、车门管理、乘降组织方面的监督检查
47	交通安全		未定期开展交通安全教育培训工作	认真开展交通教育培训工作,做好日常检查
48	饮食安全		普速旅客列车餐车餐具、盒饭加热中心温度计和打孔针未消毒或消毒浓度不达标	严格落实食品安全管理制度,加强食品安全的检查,防止冷链盒饭、常温链盒饭超过保质期限未进行销毁情况的发生,发现问题及时处理,严肃考核
49	饮食安全		列车食品加工处所有非餐营人员从事餐营工作,加工环节徒手接触食品,未按规定佩戴口罩、手套	加强现场盯控,非工作人员严禁进入餐吧车后厨,盯控加工环节徒手接触食品,未按规定佩戴口罩、手套现象。发现问题及时制止,盯控整改

第二节　人身及作业安全

一、《中华人民共和国安全生产法》相关规定

1. 从业人员在作业过程中,应当落实遵守的制度、规程。从业人员在作业过程中,应当严格落实岗位安全责任,遵守本单位的安全生产规章制度和操作规程,服从管理,正确佩戴和使用劳动防护用品。

2. 从业人员应当接受安全生产教育和培训,掌握本职工作所需的安全生产知识,提高安全生产技能,增强事故预防和应急处理能力。

二、客运系统安全红线内容

1. 干部职工班中饮酒或酒后上岗。

2. 客车运行中边门未锁闭上下锁,塞拉门未锁闭隔离锁。

3. 站台客运相关作业人力推车(不含轮椅)未实施常态制动。

4. 临时停车擅自组织乘降。

5. 看车人员在车内抽烟、使用明火照明。

6. 关闭、破坏直接关系生产安全的监控、报警、防护、救生设备设施或者篡改、隐瞒、销毁其相关数据、信息的行为。

其中,客车车门因为设备原因导致的,经客运、车辆部门确认后,不列入红线内容。

三、防范作业人员防撞轧措施

1. 从业人员上线作业时必须精力集中、严守两纪,认真执行安全检查确认制度和呼唤应答制度,不准打闹、玩笑、阅读书报、接打手机和做与本岗工作无关的事情。

2. 横越线路时,必须执行“一站、二看、三指认、四通过”制度,并注意机车、车辆动态及脚下有无障碍物等。严禁钻车、跳车和抢越线路,遇天气不良时,更应注意来往的机车车辆。上线作业未设防护严禁作业。

3. 列车工作人员作业时,要严格执行“停开、动关、锁、出站台检查值乘区域车门”的制度。禁止运行中打开车门和向车外清扫垃圾、杂物等。餐车侧门、列车前后端门应设护栏,并保持牢固完整。

4. 客运列车乘务人员出乘、到达,遇必须横越线路时,必须设安全防护人员。

四、防范客运站车旅客人身伤害措施

1. 站车要采用广播、视频、图形标志、服务指南等方式,宣传安全常识和车辆设备设施的使用方法,提示旅客遵守安全乘车规定,并确保各种安全揭示揭挂齐全、完好、有效。

2. 站车监控视频应做到重点关键部位全覆盖;工作人员须按规定配备音视频记录仪,对突发事件的处置过程进行录音录像。

3. 站车定期组织对客运设备设施进行巡视检查,加强与设备管理部门的联系,确保各项客运设备设施齐全、作用良好。

4. 列车始发前,列车长必须组织进行“三乘”检查,对检查发现的设备问题,做到三方确认,及时整修。对本趟无法解决的设备问题,列车长必须有预想,有防范措施。

5. 旅客放行前,列车员要提前打开车门,放下踏板,弹簧入槽,清理车梯处的杂物。

6. 列车在高站台停靠时按规定摆放安全踏板,悬挂安全警示带,对重点旅客进行安全提示和重点帮扶。

7. 列车要主动提示旅客接打开水不宜过满、不要隔人递水。

8. 列车启动后要及时整理行李架，做到码放牢固；巡视车厢时对行李架摆放的尖锐物品要劝阻旅客放在座椅或铺位下，对无人看管的小孩摆弄边凳、车厢内奔跑等情况及时制止。

9. 列车售货车等车上作业车辆必须安装防撞胶条和制动装置。

10. 列车要及时清理列车通过台、连接处、乘降梯等部位的积雪、积冰和其他杂物。

五、库内人身安全防控与设备质量检查

（一）库内人身安全防控

1. 进入库内的客运从业人员和客运作业车辆不得携带禁限品进入库内。不得带领闲杂人员进入库内。

2. 严禁在库内和车上吸烟。生产作业场所不得违规安装、使用大功率电器（接插客车车辆插座的电气设备负荷不得超过插座额定电流），严禁私自接线用电、乱接乱拉电源线。

3. 客运从业人员库内作业时必须走固定径路，集合点名，统一着装，佩戴胸牌标志，统一进出，严禁抢越线路。在站场作业时，须穿有反光标志的防护服。

4. 客运从业人员通过平过道时，须穿有反光标志的防护服，严格执行“一站、二看、三指认、四通过”的规定。在站场行走时，严禁钻爬车底、攀爬车顶、翻越防护栏杆、跨越车钩、横跨检修地沟、以车代步、坐卧钢轨、走道心钢轨（枕木头）、嬉戏打闹、接打手机、听音乐、戴遮挡视线或影响听觉的帽子，严禁在运行的机车车辆（动车组）前抢越。

5. 顺线路走时，应走两股道中间的地面，人体及所携带的工具

（料）不得侵入机车车辆限界，并注意邻线的机车、车辆运行情况。长大杆件应保持水平状态，严禁高举挥舞，距离接触网带电部分保持2米以上距离。

6. 客运作业人员注意积水、积雪、积冰，穿戴必要的劳动保护用品（具），防止滑倒摔伤。

7. 任何人员及携带的物件，距接触网带电部分必须保持2米以上距离；遇雷雨天气，严禁在接触网下使用金属杆伞，不得在"有电危险""切勿靠近""严禁攀登"等警示标志处停留休息。

8. 客运从业人员上下车时需使用专用乘降梯（有固定式乘降平台或距离地面较低不适于使用专用乘降梯的除外），上下车梯时要面朝乘降梯，紧握扶手，禁止飞乘飞降，上下完毕后乘降梯由专人负责收回定位存放。客运从业人员更换张贴方向牌时，必须使用梯子，专人防护。

9. 客运从业人员进入整备库须从尽头一端上下车，固定尽头一端的旅客车厢车门上下。

10. 客运从业人员在库内停留车内作业时，遇车辆甩挂或推拉车底作业时，须停止作业，车内行走时注意力集中、走稳扶牢。车辆甩挂或推拉车底前，要将安全渡板、售货（饭）车等作业工具物品平稳牢固、制动放置，列车长指派专人收回乘降梯定位存放。车辆甩挂或推拉车底中，列车长指派专人在非甩挂车辆端部进行防护，阻止除调车作业以外人员通过，要确保人身安全。

11. 相关单位应按照"谁委托、谁负责"和"谁受益、谁负责"的原则，严格落实主体责任；委外人员作业时，应明确现场监管部门，履行对委外人员监管的主体责任。委外人员作业时安排本单位职工全程对其监管。

12. 客运作业车辆通过平过道时,要设专人防护引导,严格执行“一站、二看、三指认、四通过”的规定,确认无机车车辆运行后,方可通过。

(二)设备质量检查

1. 车辆设备设施齐全,符合运用客车出库质量标准

(1)列车办公席、乘务员室、行李员办公室、广播室、备品柜、清洁柜、工具室(柜),洗脸间、厕所等设施齐全,作用良好,正常使用,不挪作他用或改变用途。

(2)车辆外观整洁,内外部油漆无剥落、褪色、流坠;车内顶棚不漏水,内外墙板及车内地板无破损、无塌陷、不鼓泡;渡板及各部位压条、压板、螺栓不松动、无翘起;脚蹬安装牢固,无腐蚀破损;手把杆无破损、松动。各部位金属部件无锈蚀。

(3)各门、翻板及簧、锁、门止、碰头、卡销配件齐全,不松动,作用良好。车窗锁及窗帘盒滑道、窗帘杆、毛巾杆、挂钩齐全,作用良好。门窗玻璃无破损,密封条完整,不透气、透尘,不漏水,无脱落。车内各车门处有防挤手装置,配置齐全,作用良好。

(4)暖气片(罩、管)、座席、卧铺(及吊带)、扶手、梯子、行李架、梳妆台、面镜、茶桌、餐桌、抽屉、衣帽钩、毛巾杆(架)、镜框、温度计齐全良好,无松动。座席及卧铺面布无破损。包房号牌、座(铺)位号牌以及各室、柜、箱、开关等服务标牌齐全清晰。

(5)电茶炉安装牢固,炉体无变形、破损,管系各阀无漏水,排水管畅通、无堵塞,过滤器清洁,液位显示清晰。

(6)给、排水装置配件齐全,作用良好,不漏水。车厢水位表(液位仪)显示准确。配有加热装置的,加热装置作用良好,正常启用。盥洗设备齐全,作用良好,安装牢固,无裂损。

(7)厕所便器、卫生纸盒、冲水装置作用良好,便器(斗)冲水均匀,无外喷。集便式厕所配有垃圾箱(桶)。

(8)灯具、灯罩完整清洁,无松动、裂损、变形,灯带、卡子齐全;顶灯光色一致。各电气开关、电源插座齐全,作用良好,无烧损。餐车厨房排气扇、电动水泵及电气化厨房电器作用良好,配线不外露。

(9)车载视频监控终端设施设备作用良好,外观整洁,安装牢固,故障、破损、及时修复。

(10)空调设备各部配件齐全,作用良好,安装牢固,运转正常。

(11)广播系统作用良好,定检合格,音量控制器作用良好。

(12)餐车冰箱作用良好,有隔水板。厨房地面有沥水设施。

(13)车内各种服务图形标志型号一致、位置统一,安装牢固,齐全醒目,符合规定。

(14)车厢有列车运行区间牌、内外顺号(牌)等标志,文字清晰、准确,无破损、卷边、褪色。使用电子显示屏的作用良好,显示及时、准确。

(15)每节车厢垃圾箱不少于一个,与垃圾袋配套使用。内嵌式垃圾箱正常启用,不封闭或挪作他用,内胆采用不锈钢材质,与垃圾箱体空间适应,与箱体内壁间隙不超过1厘米,箱体四壁封闭,垃圾投放进口有漏斗。外置式垃圾箱有盖,放置位置不占用通道或影响其他服务设施使用。

2. 设备设施检查

(1)列车始发前及途中,客运、车辆、公安等人员按照职责分工分别对列车上部设备设施进行检查,发现问题各自填入“三乘检查记录”并通知车辆人员处置,涉及行车、人身安全的及时采取临时处置措施。列车终到前,已经修复的在“三乘检查记录”上标记并由“三乘”人员签字确认后,交车辆乘务员。

(2)各车厢灭火器、紧急制动阀、人力制动机、紧急破窗锤、灭火毯、防毒面具、应急手电筒、扩音器等安全设备设施配齐配全,作用良好,定位放置。乘务人员知位置、知性能、会使用。

(3)各车厢紧急制动阀有包封,印有“危险勿动”警示标志;紧急制动阀手柄施封良好,压力表指示正常。

(4)人力制动机施封良好,制动、缓解方向指示标志清晰,无遮挡。

(5)灭火器安放牢固,便于取用,不搭挂物品;检修不过期,压力符合规定,标牌齐全清晰,施封完好。

(6)紧急破窗锤标注“消防专用”标志,安放牢固,便于取用。

(7)餐车厨房按规定配备灭火毯,定位存放,保持干燥。

(8)行李车、发电车按规定配备有效防烟毒面具,包装完好,配件齐全。

(9)封闭式洗脸间、厕所防护栏安装牢固,防护栏栏杆之间及栏杆与窗框之间间隙不大于150毫米。

(10)正确使用电器设备,安全用电。电器元件安装牢固,接线及插座无松动,紧急断电按钮护盖施封良好,按钮开关、指示灯作用良好;不乱接电源和增加电器设备,不超过允许负载。配电室(箱)人离锁闭,门锁良好,配电箱、控制箱内及上部不得放置物品;可燃物品不得贴靠电采暖装置。不用水冲刷地板、墙板、电器设备及带有电伴热塞拉门乘降梯。

(11)定期对餐车炉灶(台面)、器具进行油垢清理。餐车炉灶台面一餐一清;炉灶墙壁、抽油烟机、排烟罩和烟道的表面可见部位一趟一清。

(12)电气化厨房设备在明显位置粘贴操作说明和安全操作规

程,使用前确认电源控制柜技术状态良好,操作时按规定使用电磁炉、电炸炉、电烤箱、微波炉、电冰箱、蒸饭箱等电器设备,使用中有人监管,用后清洁,餐车离人断电。灶台上保持干燥、清洁,不放导磁体。不使用电磁炉油炸食品。不带电清洁和用水冲刷,不自行拆卸电气设备。电气化餐车电炸锅内油面高于1/4 油锅深度,最高油面高度不超过油位警告标志,油温设定值严禁超过200℃。

第三节　消防知识

一、消防组织和职责

旅客列车运行途中的消防安全工作在列车长的领导下,实行岗位消防安全责任制。

旅客列车应建立由列车长为组长,车辆乘务人员、客运乘务人员、餐饮工作人员为成员的消防安全小组,履行下列职责:

1. 认真贯彻执行上级有关消防工作的规定和要求,每月召开一次消防安全小组会议,总结安排消防工作。

2. 组织乘务人员认真学习消防知识达到“四懂四会”(懂得本岗位的火灾危险性、懂得预防火灾的措施、懂得扑救火灾的方法、懂得逃生的方法,会使用消防器材、会报警、会扑救初起火灾、会组织疏散逃生)。

3. 按岗位职责落实消防安全管理制度,及时消除火灾隐患。

4. 向旅客开展消防安全注意事项和禁烟宣传,对发现的可疑物品及时检查处置。

5. 发生火灾时,启动火灾事故应急预案,疏散旅客,扑救火灾,报告火灾情况。

6. 组织乘务班组志愿消防队定期演练。

7. 建立旅客列车消防安全台账。

二、建立志愿消防队

旅客列车应建立志愿消防队，由当班列车长任队长，当班车辆乘务人员任副队长，下设指挥组、疏散组、灭火组、伤员抢救组，根据乘务人员的具体情况，合理分工，明确职责，进行演练。

三、岗位消防安全职责

（一）列车长岗位消防安全职责

1. 全面负责旅客列车运行途中的消防安全管理工作，贯彻上级有关消防工作部署和要求，接受上级消防检查。

2. 主持召开消防安全小组会议，总结分析、安排布置消防工作。

3. 检查督促乘务人员落实岗位消防安全责任制。

4. 组织客运乘务人员、餐饮工作人员等学习消防知识，达到"四懂四会"。

5. 落实设备设施检查制度，针对检查发现的问题，按职责分工进行整改，做好旅客列车上部服务设施检查记录。

6. 旅客列车运行途中按规定每2小时进行一次防火巡查，发现隐患及时妥善处置，劝阻违反消防安全行为。

7. 采取多种形式向旅客开展消防安全注意事项宣传，对发现的可疑物品及时检查处置。

8. 列车发生火灾时，启动火灾事故应急预案，做好应急处置。

9. 按规定填写消防安全台账。

（二）列车员岗位消防安全职责

1. 严格遵守消防安全规章制度，坚守岗位，落实岗位消防安全责任。

2. 严格执行各项操作规程,正确使用车辆设备,发现故障及时报告。

3. 认真巡视,劝阻旅客在车厢内吸烟。

4. 对发现的可疑物品及时检查处置。

5. 学习消防知识,达到“四懂四会”。

6. 发生火灾时,启动火灾事故应急预案,做好应急处置。

(三)广播员消防安全职责

1. 熟悉广播设备性能,遵守操作规程,严禁无关人员进入,离开广播时要关机切断电源,锁好门。

2. 向旅客宣传列车防火安全知识和列车发生火灾后旅客应急自救知识。

3. 发生火灾时,启动火灾事故应急预案,做好应急处置。

(四)餐饮工作人员岗位消防安全职责

1. 餐车长负责餐车的消防安全工作,其他人员做好本岗位的消防安全工作。

2. 出库前认真检查炉灶、电气设备安全状况及灭火器材是否齐全有效,发现隐患及时通知车辆乘务员处理。

3. 按规定清除餐车油垢,清除后做好记录。

4. 严格按照设备操作说明和安全操作规程使用厨房设备。

5. 严格执行食品加工安全操作规定,落实值班看守制度。

6. 学习消防知识,达到“四懂四会”。

7. 发生火灾时,启动火灾事故应急预案,做好应急处置。

四、消防网格化管理

(一)消防网格化基本知识

1. 消防网格化管理是对本单位管辖区域内所有消防处所实行

分区、分类编号，实现管辖区域明确、责任界面清晰、管理全面覆盖。

2. 按照“谁使用、谁负责”的原则，列车上“一图一表”，根据值乘车次，以值乘班组设置中网格，以值乘区域岗位设置小网格，平面图根据中、小网格划分情况显示客运列车消防负责区域及结合部防火重点信息，实行按作业区域到岗到人管理。

3. 消防网格采取“一图一表”的形式显示。

（二）列车网格化示意

1. 列车消防网格化人员明示卡

列车消防网格化人员明示卡如图 3-1 所示。

2. 列车消防网格化示意

列车消防网格化示意如图 3-2 所示。

3. 硬卧车示意

硬卧车示意如图 3-3 所示，硬卧车配备 4 具灭火器（其中，2 千克干粉灭火器 2 具，2 升水基型灭火器 4 具）；3 个紧急破窗锤。

4. 软卧车示意

软卧车示意如图 3-4 所示，软卧车配备 4 具灭火器（其中，2 千克干粉灭火器 2 具，2 升水基型灭火器 2 具）；3 个紧急破窗锤。

5. 餐车示意

餐车示意如图 3-5 所示，餐车应配备 4 具 4 升水基灭火器；4 个紧急破窗锤。

6. 硬座车示意

硬座车示意如图 3-6 所示，硬座车应配备 4 具灭火器（其中，2 千克干粉灭火器 2 具，2 升水基灭火器 2 具）；5 个紧急破窗锤。

×××次列车消防网格化人员明示卡

列车人员统计								消防设备统计				电气设备统计	防火重点部位	车厢消防负责人	
所属部门	列车长	联系电话	车厢顺号	席别	车厢号	值乘人员	职务	灭火器	消防锤	灭火毯	防火隔断门			甲班	乙班
车队（×组）	张三（甲班）李四（乙班）	137×××××× 138××××××	1（宿）				列车员	5	1			配电柜、配电盘、电茶炉	是		
			2												
			3												
			4												
			5												
			6												
			7												
			8												
			9												
			10												
			11												
			12												
			13												
			14												
			15												
			16												
			17												

图 3-1 ×××次列车消防网格化人员明示卡

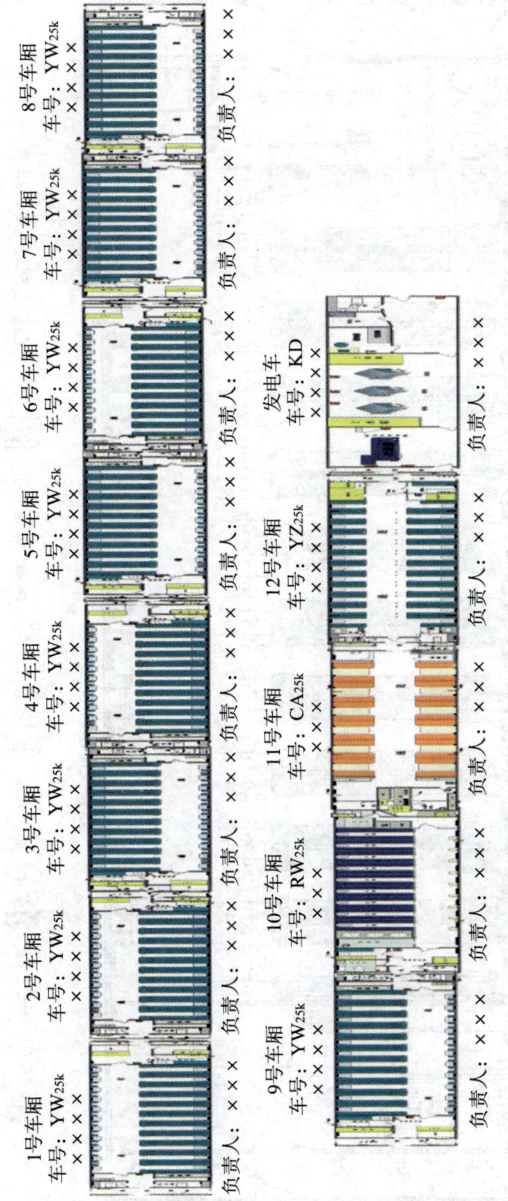

图 3-2　××次列车网格化示意

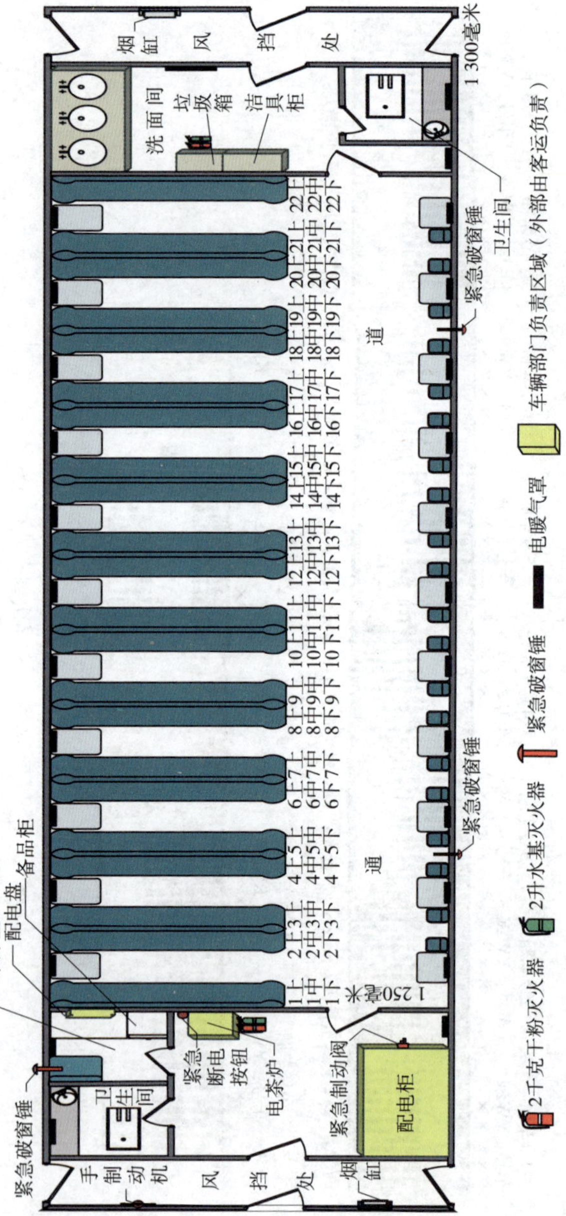
烟缸
风挡处
洗面间
垃圾箱
洁具柜
1 300毫米
卫生间
紧急破窗锤
1上 1中 1下
2上 2中 2下
3上 3中 3下
4上 4中 4下
5上 5中 5下
6上 6中 6下
7上 7中 7下
8上 8中 8下
9上 9中 9下
10上 10中 10下
11上 11中 11下
12上 12中 12下
13上 13中 13下
14上 14中 14下
15上 15中 15下
16上 16中 16下
17上 17中 17下
18上 18中 18下
19上 19中 19下
20上 20中 20下
21上 21中 21下
22上 22中 22下
通道
1 250毫米
乘务室
配电盘
备品柜
紧急断电按钮
电茶炉
紧急制动阀
配电柜
卫生间
紧急破窗锤
手制动机
风挡处
烟缸
2千克干粉灭火器
2升水基灭火器
紧急破窗锤
电暖气罩
车辆部门负责区域（外部由客运负责）

图 3-3 硬卧车示意

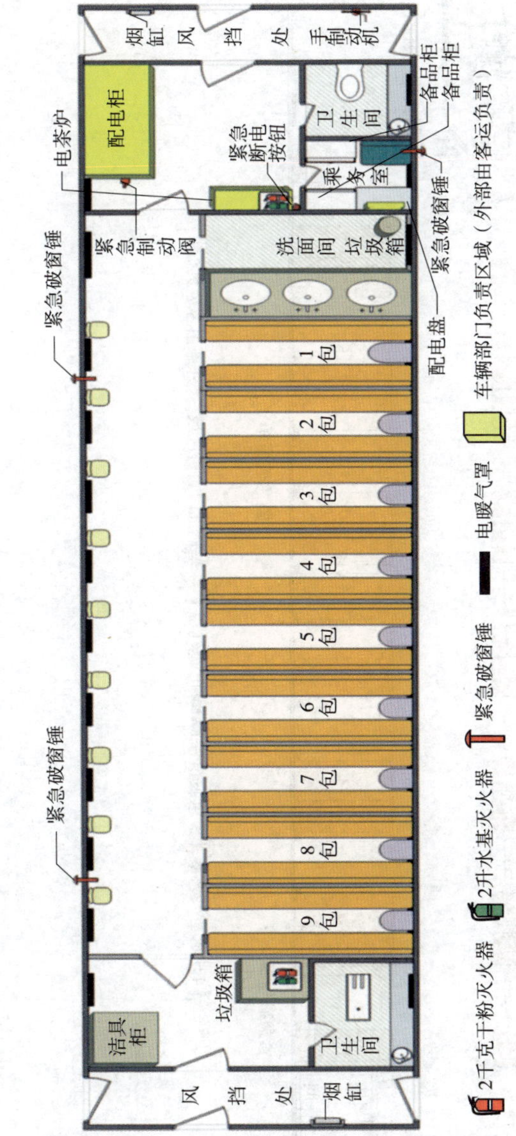
烟缸
风挡处
手制动机
配电柜
电茶炉
紧急断电按钮
卫生间
备品柜
备品柜
乘务室
紧急破窗锤
紧急制动阀
洗面间
垃圾箱
紧急破窗锤
配电盘
1包
2包
3包
4包
5包
6包
7包
8包
9包
紧急破窗锤
垃圾箱
洁具柜
卫生间
风挡处
烟缸
车辆部门负责区域（外部由客运负责）
2千克干粉灭火器
2升水基灭火器
紧急破窗锤
电暖气罩

图 3-4　软卧车示意

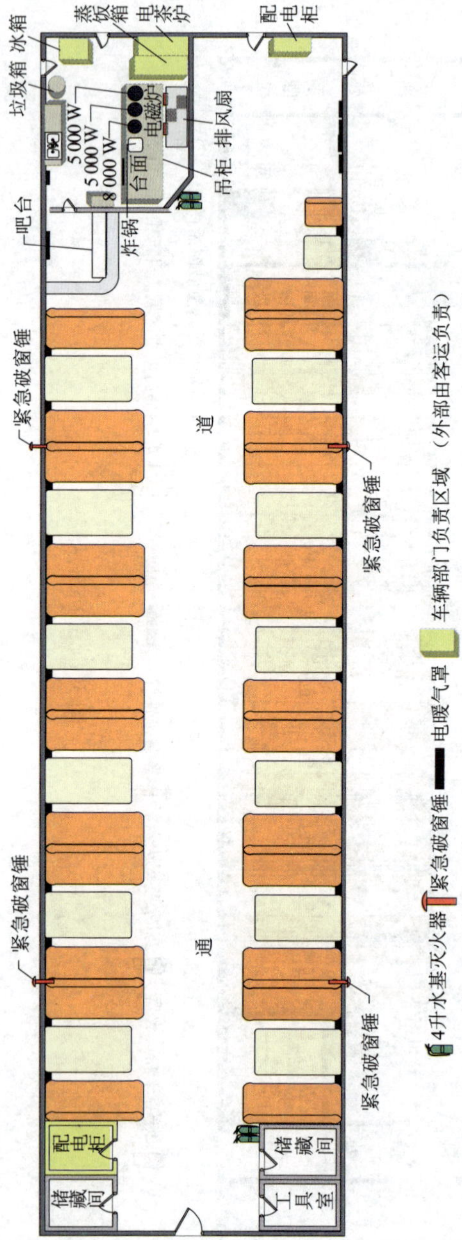
冰箱
垃圾箱
蒸饭箱
电茶炉
配电柜
5 000 W
5 000 W
8 000 W
电磁炉
台面
排风扇
吊柜
吧台
炸锅
紧急破窗锤
紧急破窗锤
紧急破窗锤
紧急破窗锤
通
道
配电柜
储藏间
储藏间
工具室
4升水基灭火器
紧急破窗锤
电暖气罩
车辆部门负责区域 （外部由客运负责）

图 3-5　餐车示意

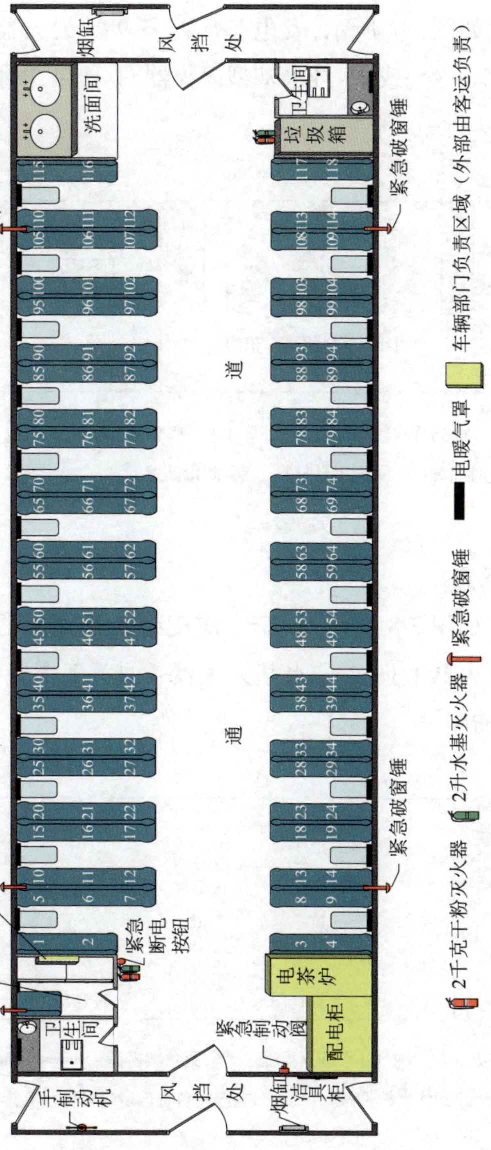

烟缸
风挡处
洗面间
紧急破窗锤
卫生间
垃圾箱
道
通
紧急破窗锤
配电盘
乘务室
紧急断电按钮
卫生间
电茶炉
配电柜
紧急制动阀
手制动机
烟缸
清洁工具柜
2千克干粉灭火器
2升水基灭火器
紧急破窗锤
电暖气罩
车辆部门负责区域（外部由客运负责）

图 3-6　硬座示意

7. 发电车示意

发电车示意如图3-7所示，发电车应配备9具灭火器[其中，25千克推车式ABC干粉(或35升水基型灭火器)1具，4升水基型灭火器8具]。

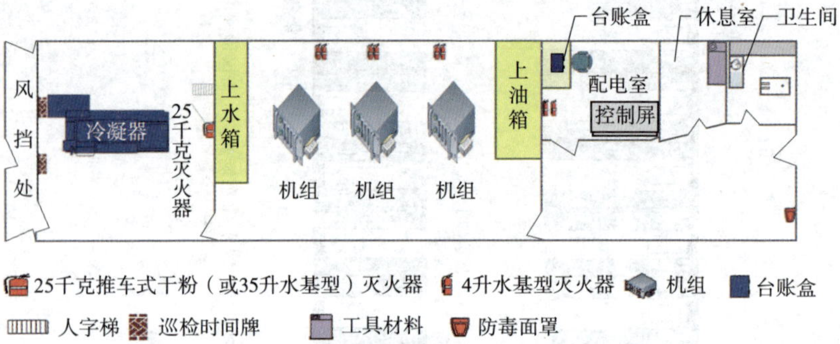

图3-7　发电车示意

8. 行李车示意

行李车示意如图3-8所示，行李车应配备5具灭火器(其中，35升手推式水基灭火器1具，4升水基灭火器4具)；1个紧急破窗锤；2个220伏电源插座。

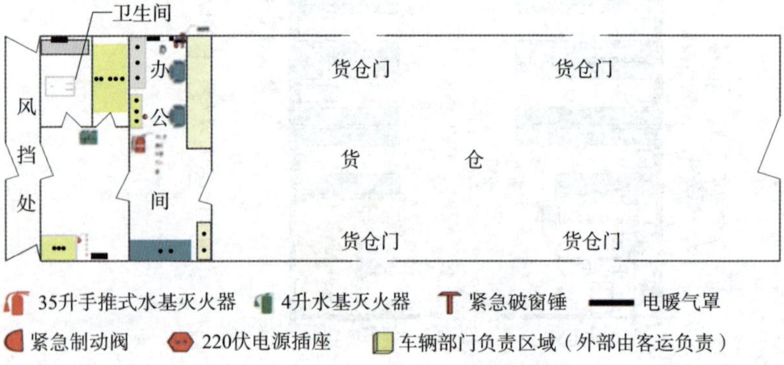

图3-8　行李车示意

五、火灾预防要求

1. 乘务人员应认真履行岗位消防安全职责,遵守各项操作规程,严格按标准化作业。

2. 严格执行设备设施检查制度。旅客列车始发前,由乘务人员按照职责分工,对用火用电设备及消防设施、器材进行全面检查,运行中重点检查,终到后彻底检查。检查情况由检查人员分别签字确认,严禁代签、漏签。

3. 运行中列车长、车辆乘务人员在对客运工作和车辆设备设施巡视检查的同时,同时开展防火巡查,并在发电车、邮政车、行李车的巡查记录上签字。

4. 对列车始发前检查发现的设备故障,车辆部门应及时处置,消除隐患;对列车运行中发现不能当场处置的,应采取临时措施确保安全,按规定报告并如实记录;危及行车安全的,应立即停车处理。

5. 乘务人员必须经过全面的消防安全培训,人人达到“四懂四会”,熟记岗位消防安全职责和火灾事故应急处置基本要求,做到严格考核,持证上岗。随车保洁人员上岗前应进行消防安全培训,持证上岗。

6. 操作电磁灶和电茶炉和空调、火灾报警器等设备的乘务人员,应经过专门的消防知识培训,经培训合格后方可上岗。

7. 车辆电气设备必须保持状态良好,电器元件应安装牢固,接线及插座无松动,按钮开关、指示灯作用良好;严禁乱拉电线和违章安装、更换电气装置、元件;严禁擅自使用电热器具等电器。

8. 配电室内禁止存放物品,配电箱、控制箱内及上部不得放置物品,门锁必须良好,人离锁闭;可燃物品不得贴靠电采暖装置。

9. 餐车配备的电烤箱、微波炉、电磁炉等餐饮炉具使用时，操作人员不得离岗，用后清洁，餐车离人断电。

10. 列车运行中，餐车严禁炼油，使用燃煤炉灶油炸食品和过油时，油量不得超过容器容积的1/3。电气化餐车电炸锅内油面高于1/4油锅深度，最高油面高度不超过油位警告标志，油温设定值严禁超过200℃。

11. 应定期对餐车炉灶台面、墙壁、抽油烟机、排烟罩、烟道、排风扇、车顶外表面和烟筒口、帽的油垢进行清除，保持清洁，并填写记录。

12. 乘务室、配电室、餐车储藏室、广播室、检车工具间、宿营车、行李车、邮政车、发电车禁止烟火。车厢应有禁止吸烟标志，乘务人员要对在车厢内吸烟的旅客进行劝阻；吸烟处应有明显标志并配备烟灰盒，提醒旅客不得乱扔烟头火种，地板和壁板应保持完好，无孔洞和缝隙。

13. 旅客列车上的通道必须保持畅通，不得堵塞车门。

14. 在列车上查获的禁限物品由列车工作人员妥善保管，并根据物品性质按站车交接程序向前方停车站或车站派出所移交，对判明不了性质的物品，严禁在车上进行试验。

15. 客车灭火器配置和维修应符合下列规定：

（1）客车车厢（双层客车每层）配备2千克ABC干粉灭火器和2升水型灭火器各2具；灭火器应设置在车厢两端适当位置（每端各2具）。

（2）行李车、邮政车、餐车各配备4具4升水型灭火器，行李车配备35升推车式水型灭火器1具；行李车的灭火器应设置在工作间内，餐车的灭火器应设置在餐厅。后厨没有直通餐厅门的餐车，可以在后厨内安设2具4升水基型灭火器。

(3)发电车配备4升水型灭火器8具,其中机房内6具,工作间2具;冷却间配备25千克推车式ABC干粉(或35升水基型)灭火器1具。

(4)旅客列车配备的灭火器应适应环境温度,适于扑救A类(固体)、B类(液体)、C类(气体)和E类(带电)火灾;挂具应采用套筒结构,安装牢固、便于取用,底部离地面一般不超过1400毫米。

16. 空调客车应按有关规定配备紧急破窗锤;餐车厨房应配备2条灭火毯;发电车、行李车各配备2具防烟毒面具。

17. 火灾应急处置。

旅客列车发生火灾时,事故现场的铁路工作人员应立即向邻近铁路车站、列车调度员报告,并拨打119报警,各有关单位和部门接到报告后,应按规定逐级上报,迅速有效进行处置。应急处置的基本要求包括以下几点。

(1)立即停车。旅客列车运行途中发生火灾威胁行车和旅客人身安全时,应立即停车(停车地点应尽量避开特大桥梁、长大隧道等)。电气化区段还应立即通知牵引供电部门停电。

(2)疏散旅客。旅客列车发生火灾时,乘务人员应迅速向列车长报告,组织起火车厢旅客向安全车厢或地面安全地带疏散,采取措施稳定旅客情绪,同时要防止发生旅客跳车、踩踏等意外事件。

(3)迅速扑救。列车长接到火灾报告后,应立即组织指挥志愿消防队,携带灭火器赶到起火车厢,确认火情,迅速扑救。

(4)切断火源。停车后,旅客列车需要分隔时,司机、车辆乘务员应迅速将起火车辆与列车分离,切断火源,防止火势蔓延。

(5)设置防护。对甩下的车辆,在车站由车站人员负责采取防溜措施,在区间由司机、车辆乘务员负责采取防护措施。

(6)报告救援。列车长和司机等人员应立即向上级机关和列车调度员报告事故情况,请求救援。

(7)抢救伤员。在疏散旅客、迅速扑救火灾的同时,如有被火围困或受伤人员应立即抢救。

(8)保护现场。在扑救火灾的同时,铁路工作人员应维护现场秩序,防止发生混乱,禁止无关人员进入,保护火灾现场。未经事故调查部门同意不得擅自清理火灾现场。

(9)协助查访。铁路工作人员应协助事故调查部门调查火灾情况,积极提供线索。

18. 旅客列车在区间发生火灾,在邻近车站站长(或胜任人员)和消防救援机构赶到前火灾事故应急处置由列车长组织指挥。火灾扑灭后,列车长、车辆乘务人员要对起火部位进行检查,确认火已完全熄灭,在确保安全的情况下,列车可继续运行。列车在区间被迫停车时,邻近车站应组织人员、消防器材赶赴现场救援。

列车在车站发生火灾或起火列车进站后,火灾事故应急处置由车站站长(或胜任人员)组织指挥,立即启动车站处置旅客列车火灾事故应急预案。消防救援机构到达后,火灾扑救工作由消防救援机构统一指挥。

19. 旅客列车火灾事故应急预案及人员分工。

客车发生火灾后,应立即按如下程序进行执行:

(1)本车乘务人员发现(接报)火情后,应立即持灭火器赶赴起火部位,安抚并组织旅客疏散,迅速灭火。相邻两侧车厢乘务员应迅速采用接力传递的方式通知列车长、乘警和车辆乘务人员。

(2)发生火灾时,现场铁路工作人员应立即拨打119报警。当火势较大难以控制时,本车厢列车员应果断拉下紧急制动阀,停车扑救。邻车列车员应立即协助将旅客向两侧车厢疏散，并将本车灭火器传至起火车厢。

(3)当班列车长、车辆乘务人员接到火情报告后，应立即赶赴现场。列车长担任总指挥，现场组织扑救。

(4)组织休班乘务员从列车两侧将灭火器集中至起火车厢进行扑救。

(5)通知广播员用广播稳定旅客情绪，由当班列车员有序地将旅客引导至两侧车厢。

(6)根据火势作出是否进行列车车辆分离的决定。

(7)车辆乘务员参加火灾扑救，同时，设法保证非起火车厢的夜间照明。对发生的车壁板及车顶内的火灾，决定如何进行破拆。

当列车长做出列车车辆分离决定时，车辆乘务员应按分离顺序剪断捆绑折角塞门、钩提杆铁丝，分解联接电源线。

20. 车辆乘务员具体实施列车车辆分离工作，其他人员应密切配合。

列车车辆分离顺序为：

(1)应选择安全、易于扑救的地点，尽量避开桥梁、隧道、长大坡道。

(2)按列车前进方向，先将起火车厢后部未被蔓延车辆摘开，列车带起火车前行 50 米以上。

(3)摘下起火车辆后再前行 50 米以上。

(4)列车车辆分离后，车辆乘务员和司机按《铁路技术管理规程》要求，做好前后防护，并采取防溜措施。

(5)列车长根据火灾处置情况，做出请求救援的决定，并根据规定向上级单位报告。

(6)火灾处置完毕后，列车长接到车辆乘务员检查确认不影响列车运行安全的通知后，做出立即开车的决定。

第四节　人身伤害典型案例

一、旅客携带品发生火情处置案例

1. 处置过程

11 月 2 日，× ×组值乘 K× × ×次列车，列车到达襄阳站前，1 车乘务员贾× ×清理 1 车和 4 车风挡烟缸时闻到有烧焦的味道，立即查看 4 车风挡烟缸、垃圾桶及厕所，未发现异常。当查看到 4 号车厢二位端时发现立靠在车厢 100 号座席上旅客携带双肩包处冒烟并伴有明火，乘务员立即将旅客双肩包放到地上，并用头枕片把座椅和双肩包明火扑灭并向列车长汇报。列车长、乘警立即赶到现场，查验起火部位、疏散旅客、协助取证，指派乘务员用水浸湿座席出现火苗部位，并对起火部位进行盯控，防止复燃及舆情问题发生。火情未造成人员伤害，未影响列车运行。

2. 好的方面

(1)按规定落实作业程序。乘务员贾× ×能够认真落实站前巡视和卫生清理等作业，及时发现了旅客携带品起火，是整个突发事件处置的关键。

(2)灭火较为迅速。乘务员贾× ×仅用 12 秒就将火扑灭，避免了一起可能发生后果特别严重的火灾事故，确保了广大旅客及列车安全。

(3)事后防控工作到位。火情扑灭后，班组对起火部位进行了水浸，防止复燃发生。同时对舆情问题进行控制，避免了突发事件的影响扩大。

3. 处置建议

(1)准确判断起火源。处置类似问题时,尤其是发现车内有焦煳等异味时,乘务员要仔细检查列车各隐蔽部位,准确判断起火部位。

(2)做好现场秩序维护。列车发生火情时,要注意做好车内旅客安抚和秩序维护工作,避免发生人员挤摔等次生问题。

二、列车配电柜冒烟起火案例

1. 处置过程

11 月 20 日 15:50,××车队××组值乘的 K×××次列车(北京西—重庆),运行至京广线沙河市—邯郸间,客运班组在餐车组织班前会时,有乘务员闻到餐车有焦煳味,经检查发现餐车配电柜冒烟起火,班组立即启动列车火灾应急预案并组织扑救,16:01 左右,餐车配电柜火情得到控制,其间共使用灭火器 14 具,无工作人员及旅客伤亡。

2. 好的方面

(1)职工敏感意识强。发现烟雾后,立刻判断出有火情,积极寻找起火源,为快速扑救争取了宝贵时间。

(2)视频资料保存完整。班组保存了整个扑救过程的视频完整资料,为后续事件分析提供了依据。

(3)及时切断电源。针对电器火灾第一时间采取断电措施,有效阻止了火势的进一步蔓延。

(4)旅客疏散及时,舆情控制到位。避免了因火情引发的次生人身伤害等问题。

(5)现场保护较好。班组安排专人盯守火灾现场,保护了现场完整,没有遭到破坏。为事后分析提供了便利条件。

三、旅客突发疾病处置案例

1. 处置过程

2月21日，××组值乘T×××次列车，从北京西开出后，13:15，旅客姜×向9车乘务员郭××反映其父亲姜××身体不适，需寻找医生。乘务员第一时间报告列车长，列车长郑××于13:17赶到，询问家属情况后，同时通知广播寻找医生。家属要求就近下车治疗，列车长郑××于13:19拨通运行所在局集团公司客调电话，请求就近站要点停车并急需120救护车。后旅客姜××出现口吐白沫情况，呼叫该旅客无应答，列车长郑××、扈××及时对该旅客进行心肺复苏术。13:26客调回复列车可以停靠良乡并已联系了120救护车。13:39列车到达良乡，13:50 120救护人员到达现场，列车长扈××开具客运记录，并与车站工作人员刘××办理交接。13:55疾病旅客由120救护车送往医院救助。13:57列车长扈××与运行所在局集团公司客调汇报交接情况，并请示开车。列车于14:04开车，在良乡停车25分钟，留存音视频资料、旁证材料共2份。

2. 好的方面

(1)及时广播寻医找药。列车长到场了解旅客病情后，立即广播寻找医生，履行了列车对突发疾病旅客的救治义务。

(2)联系要点停车。列车长根据患病旅客家属意见，及时联系铁路局集团公司客调要点停车，并联系120救护车接车，为旅客得到及时救治提供了时间保证。

(3)证明材料留存完整。班组及时收取了周围旅客的证明材料，对列车救治过程进行了描述，为后续信息上报录入等工作奠定了基础。

3. 处置建议

(1)做好材料收集。旅客发送疾病应及时移交前方有医疗条件车站处理,旅客不同意在下车处理时,要由旅客出具拒绝下车治疗的书面声明。

(2)采取措施救治旅客。《中华人民共和国民法典》规定“承运人在运输过程中,应当尽力救助患有疾病、分娩、遇险的旅客”。因此,旅客在列车上发生疾病或意外伤害等情况时,列车长要第一时间赶到现场,使用红十字药箱、广播寻医找药等方式对旅客实施救治。

(3)参与救治医生的证明材料。乘坐列车的医生参与救治时,列车长可以登记其相关身份信息,但是不得强行索要医生资质等证明,避免造成其他影响。

四、旅客未乘降完毕列车启动案例

1. 案例概况

10 月 28 日,上海—石家庄的 K××× 次列车在 ×× 站停车时,在旅客没有乘降完毕的情况下,列车突然启动,造成 2 名列车工作人员和多名等待乘车的旅客及 3 名下车抽烟的旅客未能上车。

2. 存在问题

(1)站车联控不到位,导致旅客未乘降完毕列车发车。

(2)班组乘务人员对旅客未乘降完毕,列车启动的应急处置掌握不熟练,处置不当,造成多名旅客和两名工作人员漏乘。

3. 处置建议

(1)旅客还在乘降时,列车突然启动,乘务员应正确判断,发现危及行车和人身安全情况下,要果断使用紧急制动阀停车。

(2)列车乘务员在乘降组织上要落实作业标准和站台一列制要求,加强互控及与车站的配合,杜绝车站和司机误认误发车。

第五节　应急处置

一、列车发生火灾、爆炸应急处置流程

【场景:列车火灾爆炸应急处置】

处置流程:

1. 立即停车。旅客列车运行途中发生火灾威胁行车和旅客人身安全时,应立即停车(停车地点应尽量避开特大桥梁、长大隧道等)。电气化区段还应立即通知牵引供电部门停电。

2. 疏散旅客。旅客列车发生火灾时,乘务人员应迅速向列车长报告,组织起火车厢旅客向安全车厢或地面安全地带疏散,采取措施稳定旅客情绪,同时要防止发生旅客跳车、踩踏等意外事件。

3. 迅速扑救。列车长接到火灾报告后,应立即组织指挥志愿消防队,携带灭火器赶到起火车厢,确认火情,迅速扑救。

4. 切断火源。停车后,旅客列车需要分隔时,司机、车辆乘务员应迅速将起火车辆与列车分离,切断火源,防止火势蔓延。

5. 设置防护。对甩下的车辆,在车站由车站人员负责采取防溜措施,在区间由司机、车辆乘务员负责采取防护措施。

6. 报告救援。列车长和司机等人员应立即向上级机关和列车调度员报告事故情况,请求救援。

7. 抢救伤员。在疏散旅客、迅速扑救火灾的同时,如有被火围困或受伤人员应立即抢救。

8. 保护现场。在扑救火灾的同时,铁路工作人员应维护现场秩序,防止发生混乱,禁止无关人员进入,保护火灾现场。未经事故调查部门同意不得擅自清理火灾现场。

9. 协助查访。铁路工作人员应协助事故调查部门调查火灾情况，积极提供线索。

二、长大隧道内疏散旅客应急处置流程

【场景：长大隧道内疏散旅客应急处置】

处置流程：确定疏散方案、确认现场环境、明确疏散方向、非会车侧疏散、统一疏散行动、旅客下车防护、疏散过程防护、确认封锁区间、防止人员遗漏、寻求救援力量。

三、车门故障应急处置流程

【场景1：列车启动前发现车门无法关闭时应急处置】

处置流程：列车开车前列车员发现车门无法关闭时，应立即使用对讲机呼叫车辆乘务员（或站台客运工作人员）通知司机不得开车，并通知其到场处理。同时迅速使用电台及时通知列车长。列车长接到通知后，应及时与车站客运值班员取得联系，同时向段安全生产调度指挥中心、车队进行汇报，请求工作指示。故障车门修复后，列车长应尽快组织开车并向上级有关部门做好信息反馈。

【场景2：车门无法关闭列车已启动时应急处置】

处置流程：因车门故障造成列车开车后仍无法关闭时，乘务员要采取果断措施，按规定使用紧急制动阀停车，迅速使用电台通知车辆乘务员到场处理，并及时通知列车长。将车门口附近的旅客疏散至两端车厢，并锁闭车厢端门。同时，看守故障车门并采取使用客运音视频记录仪录像、拍照等方法进行取证。列车长赶至现场后要向检车乘务员详细了解维修方案，同时向段安全生产调度指挥中心、车队

进行汇报,请求工作指示。故障车门修复后,列车长应立即组织开车,逐级反馈车门修复情况,车内旅客动态,请示工作要求。

【场景3:列车停站发现车门不能正常开启时应急处置】

处置流程:本车厢列车员要立即向下车旅客进行通报,迅速将旅客疏散到相邻车厢,组织旅客在相邻车厢同侧车门上下。同时,立即使用对讲机向列车长报告现场情况。列车长得到车门故障无法开启的通知后,要立即通知检车乘务员赶赴现场组织抢修,对不能修复的故障由检车乘务员采取临时处置措施,绝不能因车门故障耽误行车。列车长与车站客运值班员联系,通知其在旅客未乘降完毕前不得发车,并赶赴现场协助处理。旅客乘降完毕后,列车员通知列车长,列车长通知车站客运值班员,车站客运值班员通知车站助理值班员组织发车。列车开车后,列车长应及时向段安全生产调度指挥中心、车队汇报现场处置情况,请求工作指示。

【场景4:列车运行中发现车门开启时应急处置】

处置流程:列车工作人员发现车门开启(含旅客报告)时,应立即锁闭车门。如车门因故障无法关闭,列车风挡严重超员不能迅速疏散或出现其他危及旅客、乘务员人身安全情形时,乘务员要采取果断措施,按规定使用紧急制动阀停车。同时,迅速使用对讲机及时通知列车长。列车长接到通知后立即通知检车乘务员、乘警迅速赶到现场,由检车乘务员进行修复。对不能在列车运行中修复的车门,列车长、车辆乘务员分别向所在地局集团公司客运调度员、车辆调度员汇报,在前方站停车处理。其间由列车长指派工作人员采取必要的安全防护措施。

四、列车尾部未上站台应急处置流程

【场景1:因列车未对标停车造成尾部车厢无法停靠站台时应急处置】

处置流程:列车员发现未正常停靠站台(普速线路受站台长度限制不能停靠站台等正常乘降组织情况除外)时,严禁打开车门,立即报告列车长,并加强车门看护。列车长立即与车站客运值班员取得联系,要求车站派人协助组织并在旅客乘降完毕前不得通知司机发车。列车长要及时赶赴现场组织妥善处理,并立即通知检车乘务员,由检车乘务员使用电台向司机进行通报。乘务员要立即将下车旅客疏散至相邻停靠站台车厢,组织下车旅客从相邻停靠站台车厢下车,并组织持未停靠站台车厢车票的上车旅客从相邻停靠站台车厢上车。旅客全部乘降完毕后,由乘务员上车关闭车门。旅客乘降过程中列车员要协助重点旅客做好携带品搬运工作。若条件不具备,组织旅客乘降确有困难时,列车员应报告列车长。列车长与车站客运人员共同确认旅客停止上下并关闭车门后,由车站负责组织列车移动,列车到达指定停车位置停稳后,列车长按照车站客运人员的通知,组织各车厢列车员重新打开车门组织旅客乘降。

【场景2:因站台长度不足造成列车尾部车厢无法停靠站台时应急处置】

处置流程:乘务员要对在站台长度不足车站下车旅客做好宣传,提示旅客到站前到相邻车厢准备下车。列车到达站台长度不足车站前,列车长应指派列车值班员、售货员等胜任人员到达尾部车厢,与本车厢乘务员共同做好宣传提示,组织下车旅客到相邻停靠站台车厢等候下车。列车到站后,列车长要立即与车站客运值班员取得联系,共同到场协助组织旅客乘降,并组织持尾部车厢车票的上车旅客从其他车厢上车。旅客全部下车完毕后,各车厢乘务员执行铃响站线、铃止上车制度,由车站按规定组织列车发车。

五、站台乘降过程中列车突然启动应急处置流程

【场景:旅客未乘降完毕列车启动应急处置】

处置流程:列车工作人员发现时应迅速呼叫车辆乘务员或站台客运工作人员通知司机停车。不具备呼叫条件时,使用对讲机呼叫列车上工作人员,使用紧急制动阀停车。站车工作人员立即劝阻疏散正在乘降的旅客到安全白线以内,尽可能及时撤下安全踏板。列车长按规定向上级汇报并做好事发经过的详细取证工作。

六、列车发现有人扒车应急处理流程

【场景:列车发现有人扒车应急处理】

处置流程:列车工作人员在列车运行中发现有人扒乘列车时,应迅速果断使用紧急制动阀停车处理。列车启动前发现有人扒乘列车时,立即呼叫车辆乘务员或站台工作人员通知司机不得开车,并立即向列车长汇报。列车长应迅速赶赴现场并通知乘警、车辆乘务员到场处理。确认列车处于停止状态后工作人员应打开车门,将扒车人请上车。列车长、乘警要向扒车人了解情况,收集本人及周围旅客相关取证材料及时向上级进行汇报处置,检查确认列车无其他异常后,及时联系车站工作人员或司机,尽快恢复行车。列车长及时将事件相关情况、扒车人信息向列车所在地局集团公司客调、本局集团公司客调、安全生产调度指挥中心、车队进行汇报,并做好后续处理工作。

七、高站台坠落旅客或旅客携带品应急处置流程

【场景1:旅客掉下高站台应急处置】

处置流程:乘务人员发现旅客掉下高站台时,应立即使用对讲机通知列车长、软卧车厢乘务员或列车中部车厢乘务员,由上述人员通知客运值班员或车站外勤值班员处理。列车长应立即赶赴现场了解情况,协助站方做好施救工作。在未得到列车暂不开车的允许前,任何人不得上线进行处置。

【场景2:旅客携带品掉下高站台应急处置】

处置流程:乘务员发现时,要采取措施阻止旅客自行跳下站台捡拾,使用对讲机通知列车长、软卧车厢乘务员或列车中部车厢乘务员,由上述人员通知客运值班员或车站外勤值班员处理。列车长应立即赶赴现场了解情况,协助站方做好处置工作。若旅客票证掉下高站台无法取回时,列车长与车站办理交接手续,保证旅客正常乘车。

八、旅客列车车窗玻璃破损应急处置流程

【场景:发现列车车窗玻璃破损应急处置】

处置流程:乘务员发现车厢车窗(门)玻璃遭石击或破损后,要立即将发现时间、运行区间、运行方向的左/右侧及破损情况向列车长、车辆乘务员及乘警汇报。列车长在接到汇报后要及时赶赴现场,查看是否有旅客受伤、物品损失等情况发生,做好现场证据材料的收集工作,并按规定拍发电报向有关部门报告。若石击玻璃造成旅客伤害时,列车长查看受伤旅客的伤情,并及时组织列车急救员对受伤旅客进行救治。

九、旅客列车晚点应急处置流程

【场景:列车严重晚点应急处置】

处置流程:列车长应及时向所在地局集团公司客调或车站值班员了解晚点原因,并及时通知全体乘务人员。及时向旅客公告列车晚点时间,加强车内巡视,做好宣传解释和列车服务工作。若餐料、饮用水、用品不足时,应及时与站方联系或拍发电报,请求有关部门组织采购。23:00以后到达的晚点列车,列车长接到客调或有关车站接驳信息后,及时通过广播等形式告知车内旅客。因终到晚点,旅客在列车上不下车时,列车长应立即通知车站客运值班员,并配合车站做好旅客安抚解释工作劝其下车。

十、旅客列车严重超员应急处置流程

【场景:列车严重超员应急处置】

处置流程:列车超员严重时,列车长要准确核实车内旅客人数,及时拍发超员电报。列车广播员和车厢乘务员要严格执行“一站两报”制度,提醒下车的旅客提前换乘到车门口处等候下车。乘务员在组织旅客乘降时要加强安全宣传,防止旅客挤落站台跌碰摔伤,组织引导旅客分散乘车,均衡各车厢旅客数量,防止旅客集中,弹簧压死。列车长应主动与车站值班员取得联系,组织乘务员与车站工作人员要紧密配合,组织旅客安全乘降,并要设安全门,指定专人顶岗,注意旅客乘降情况,照顾流动人员和重点旅客上车,发现危及行车和人身安全时要采取果断措施。

十一、因线路中断列车暂停运行应急处置流程

【场景:线路中断列车停运】

处置流程:列车长应迅速了解情况,向所在地局集团公司、本局

集团公司客调及段安全生产调度指挥中心报告事故概况。因自然灾害造成列车滞留或退行时，及时向旅客说明列车中断运行的原因。列车乘务人员要加强车内巡视，做好宣传解释工作。餐车长负责安排好旅客饮食和饮水供应，列车停留时间较长时，采取措施控制用水，注意保证重点旅客的用水需要。列车长要按章妥善做好旅客和行包的安排工作。因线路中断需要绕行时，列车长要组织好对旅客的宣传动员，组织好旅客的临时乘降组织。

十二、列车空调失效应急处置流程

【场景1:部分空调发生故障】

处置流程:列车部分车厢空调失效，立即通知检车乘务员迅速赶到现场进行处理。车辆乘务员确认短时间内无法修复时。列车长在第一时间向段应急指挥中心、车队进行汇报，接受指示。列车长组织列车乘务人员打开空调故障车厢车窗进行通风处置，广播、宣传提示旅客禁止抛物，并通知车辆乘务员转告司机报告列车调度员。将空调故障车厢旅客疏散到其他车厢，做好重点旅客安排和服务，做好解释和服务工作。

【场景2:全列空调失效应急处置】

处置流程:列车全列空调失效超过20分钟，故障短时间内无法修复，列车长第一时间向段应急指挥中心、车队进行汇报，接受指示。组织乘务人员打开车厢内所有车窗通风，广播、宣传提示旅客禁止抛物，并通知车辆乘务员转告司机报告列车调度员。列车乘务人员应深入车厢，做好宣传、解释、安抚工作，了解旅客需求，及时解决旅客遇到的困难和问题，对重点旅客进行帮扶。严重影响旅客乘车舒适度时，列车长向运行所在地局集团公司客调和所属集团公司客调及集团公司应急指挥中心客运部值班人员报告。列车在站停留时向运行所在地局集团公司客调提出“打开车门”疏散旅客的申请。接到运行所在地局集团公司客调准许“打开车门”的通知后,列车打开站台侧车门,组织旅客到安全地点等候。列车在区间停留时,列车长向运行所在地局集团公司客调提出“开门挂网”的申请。接到准许“开门挂网”的通知后,列车长向所属集团公司客调报告,通知车辆乘务员转告司机,并组织列车乘务人员开启列车运行方向左侧车门(非会车侧车门),安装防护网,防护网安装完毕,由列车长组织乘务人员按照“一人一门”值守,严禁旅客靠近防护网,严禁旅客自行下车。列车长确认防护网安装牢固、值守人员到位后报告司机。接到客调故障修复的通知,车辆乘务员确认列车空调运转正常,列车长通知列车乘务人员收起防护网,关闭车门车窗,通知车辆乘务员转告司机,向运行所在地局集团公司客调和所属集团公司客调及集团公司应急指挥中心客运部值班人员及段有关部门汇报,做好恢复运行准备。

十三、列车发生旅客疾病及意外伤害应急处置流程

【场景:旅客发生伤病应急处置】

处置流程:乘务人员应立即向列车长报告,列车长会同乘(辅)警立即赶到现场了解情况,开启音视频记录仪对处置全程进行录制,组织红十字救护员利用车内现有的医疗器械、药品,积极主动为受伤旅客进行救治。通过广播在旅客中寻找医务工作者,利用列车现有医疗设备进行救治。列车长应会同乘警及时了解旅客姓名、单位、地址、同行人、联系人等,查验旅客所持车票和票种、票号、车次、发到站、是否购买乘意险等情况,并了解旅客发病或受伤原因和过程,收集不少于两份同行人或见证人的证言等有关旁证、物证,并妥善保管

好证据、材料。因旅客伤病需交车站处理时,应移交前方县、市所在地车站或者当地具备公共医疗条件的停车站;需要提前报告运行所在地局集团公司客调,由所在地局集团公司客调通知车站做好救护准备工作。列车长做好相关移交准备,并提前与车站联系旅客下车位置及特殊要求。旅客不同意在停车站下车处理时,应当由旅客出具拒绝下车治疗的书面声明,并按照规定收集相关旁证材料。

十四、充电宝等含锂电池设备起火应急处置流程

【场景:充电宝等含锂电池设备起火应急处置】

处置流程:

1. 疏散安抚。列车发现含锂电池设备发生冒烟起火等情况时,迅速疏散周边旅客,并宣传安抚。

2. 切断电源。有条件时,先断开含锂电池设备的外部连接。如果含锂电池设备爆燃引起火势蔓延,要按照列车发生火灾应急处置程序进行处置。

3. 水基灭火。使用水、茶水、果汁等不可燃液体或水基型灭火器进行灭火处置,灭火后应持续用水或其他不可燃液体进行喷淋、浸湿降温。禁止使用防爆毯、灭火毯等覆盖或包裹方式对含锂电池设备灭火。

4. 浸水保存。降温处置后应检查确认,确定含锂电池设备不再冒烟且表面温度正常,状态趋于稳定后,可使用装有水的水桶等工具移动到盥洗台等风险较小区域。

5. 安全移交。使用密封良好的塑料袋带水包装含锂电池设备按章移交前方站。

6. 证据留存。处置时,列车长、乘务员必须打开音视频记录仪,对处置全过程进行录音、录像。同时搜集好相关证人、证言。

第四章 客运业务知识与操作

第一节 乘车凭证

一、车票

车票是铁路旅客运输合同的凭证，可以采用电子数据形式或者纸质形式。中国国家铁路集团有限公司（以下简称国铁集团）所属铁路运输企业和控股合资铁路公司在境内的铁路旅客运输是以电子数据形式体现的铁路旅客运输合同的凭证，并实施车票实名制管理。

1. 车票票价为旅客购票时的执行票价。铁路运输企业调整票价时，已售出的车票不再补收或退还票价差额。

除有效期有其他规定的车票外，车票当日当次有效。旅客自行中途上车、下车的，未乘区间的票款不予退还。

2. 通过车站售票窗口、铁路车票销售代理人的售票处购票或列车上购票、补票时，可以使用的有效身份证件包括：中华人民共和国居民身份证（含中华人民共和国临时居民身份证），居民户口簿，中华人民共和国护照，中华人民共和国出入境通行证，中华人民共和国旅行证，新生儿出生医学证明，军官证、警官证、文职干部证、义务兵证、士官证、军士证、警士证、文职人员证，海员证，以及公安机关出具的临时乘车身份证明，中华人民共和国港澳居民居住证，中华人民共和国台湾居民居住证，港澳居民来往内地通行证，往来港澳通行证，大陆居民往来台湾通行证，台湾居民来往大陆通行证，外国人永久居留身份证，外国人护照，外国人出入境证，公安机关出具的外国人签证证件受理回执、护照报失证明，各国驻华使领馆签发的临时性国际旅行证件（应当附具公安机关签发的有效签证或者停留证件）。

通过12306网站、订票电话购票时，可以使用的有效身份证件包括：中华人民共和国居民身份证（含中华人民共和国临时居民身份证），中华人民共和国护照，中华人民共和国港澳居民居住证，中华人民共和国台湾居民居住证，港澳居民来往内地通行证，台湾居民来往大陆通行证，外国人永久居留身份证，外国人护照。

通过自动售票机购票时，可以使用的有效身份证件包括：中华人民共和国居民身份证，中华人民共和国护照，中华人民共和国港澳居民居住证，中华人民共和国台湾居民居住证，港澳居民来往内地通行证，台湾居民来往大陆通行证，外国人永久居留身份证。

3. 除需要乘坐旅客列车通勤上学的学生和铁路运输企业同意在旅途中监护的儿童外，未满14周岁的儿童应当随同成年人旅客旅行。

（1）随同成年人乘车的儿童，年满6周岁且未满14周岁的应当购买儿童优惠票；年满14周岁，应当购买全价票。每一名持票成年人旅客可免费携带一名未满6周岁且不单独占用席位的儿童乘车，超过一名时，超过人数应当购买儿童优惠票。儿童年龄按乘车日期计算。

（2）旅客携带免费乘车儿童时，应当在购票时向铁路运输企业提前申明，购票申明时使用的免费乘车儿童有效身份证件为其乘车凭证。

（3）免费乘车的儿童单独使用席位时应购买儿童优惠票。

（4）儿童优惠票的乘车日期、车次及席别应与同行成年人所持车票相同，到站不得远于成年人车票的到站。

(5)成人旅客要求与儿童共用一个卧铺时,可按卧铺对应等级座席儿童优惠票价补售同席儿童票。

(6)对于应购票而未购票的儿童旅客应引导购票后乘车。对于无法提供有效身份证件的免费乘车儿童,如根据实际情况能够判定为免费乘车儿童的,可允许先上车再补办申明手续;不能判明时应引导儿童旅客先办理临时乘车身份证明。

(7)未满6周岁儿童凭新生儿出生医学证明可以办理免费乘车申明;年满6周岁的儿童不可凭新生儿出生医学证明购票和乘车。

4. 在全日制高等学校(含国务院教育行政部门、省级人民政府审批设置的实施高等学历教育的民办学校),承担研究生教育任务的科学研究机构,军事院校,普通中、小学和中等职业学校(含有实施学历教育资格的公办及民办中等专业学校、职业高中、技工学校),国务院或国家宗教事务局批准的正式宗教院校就读的学生、研究生,家庭居住地和学校所在地不在同一城市时,凭附有标注减价优惠区间和火车票学生优惠卡的学生证(中、小学生凭加盖学校公章的书面证明),优惠区间应加盖院校公章,每学年(10月1日至次年9月30日)可购买家庭居住地至院校(实习地点)所在地之间四次单程的学生优惠票。新生凭录取通知书、毕业生凭盖有院校公章的学校书面证明当年可购买一次学生优惠票。学生优惠票限于使用普通旅客列车硬座、硬卧和动车组列车二等座。

学生每学年乘车前应通过12306网站或到车站指定售票窗口、自动售票机办理一次学生优惠资质核验手续。通过车站指定售票窗口或自动售票机办理学生优惠资质核验手续时,应出具本人有效身份证件和学生证(附有火车票学生优惠卡),没有火车票学生优惠卡,火车票学生优惠卡所载信息不全、不能识别或者与学生证记载不一致的，无法通过学生优惠资质核验。

未办理或未通过优惠资质核验购买学生优惠票乘车时，列车应先办理补收票价差额手续，开具客运记录。旅客到站后可凭车补车票、学生证和购票时所使用的有效身份证件（列车如开具纸质客运记录，还应携带纸质客运记录），30日以内到车站售票窗口办理资质核验和退票手续。车站核实学生所购学生优惠票符合有关规定后，为其办理资质核验，扣减学生火车票优惠卡次数，退还车补车票票款，不收退票费。

华侨学生和港澳台学生可购买学校所在地车站至口岸城市车站间的学生优惠票。铁路运输企业另有规定的除外。

学生证的减价优惠区间更改时，应重新加盖院校公章，并修改火车票学生优惠卡内相关信息。

学生优惠票根据减价优惠区间按相对近径路或合理径路发售。在减价优惠区间内购买联程车票时，扣减一次优惠乘车次数。超过减价优惠区间的，不发售学生优惠票。优惠乘车次数按学年使用有效，当学年不能使用下一学年的次数，当学年未使用的不能留作下学年使用。

对于通过优惠资质核验的学生，乘车时可直接凭身份证件刷闸机进站乘车。未通过优惠资质核验的学生，应完成优惠资质核验后再进站乘车。

列车应通过站车无线交互手持终端查验持有学生优惠票的旅客是否通过优惠资质核验，同时核对学生证填写的优惠乘车区间与站车无线交互手持终端推送的优惠乘车区间是否一致。对于通过优惠资质核验且区间一致的（同城车站视为区间一致），视为已购车票符合学生优惠票发售原则。

通过优惠资质核验的学生乘车时,如站车无线交互手持终端推送的优惠乘车区间与学生证中填写优惠区间不一致时,对于已购学生优惠票区间超过学生证记载的优惠区间的,核收超过区间的票价差额,已核减的优惠次数不予退还。

未通过优惠资质核验购买学生优惠票乘车时,列车应先办理补收票价差额手续。如已购学生优惠票区间与学生证中优惠区间一致时,则按优惠区间补全票价并开具客运记录;如学生已购车票区间超过学生证记载的优惠区间乘车的,分别核收超过区间的票价差额和已购车票区间与优惠区间一致部分的票价差额,并开具客运记录;对于不符合学生证中优惠乘车区间或不符合减价优惠条件的,按全程全价核收票价差额,按规定核收加收票款,退还已核减的优惠次数。旅客到站后可凭车补车票、学生证和购票时所使用的有效身份证件(列车如开具纸质客运记录,还应携带纸质客运记录),30 日以内到车站售票窗口办理资质核验,核验通过的退还已购车票与优惠区间一致部分的车补车票;核验未通过的退还已核减的优惠次数,车补车票不退。

旅客已购学生优惠票区间的发到站与学生证优惠区间的发到站为同城车站,视为区间一致。

已购学生优惠票区间超过学生证记载的优惠区间时,如所乘列车不停靠学生证优惠区间的发到站时,按学生证优惠区间内与发到站最近列车停靠站办理补收票价差额手续。

5. 持中华人民共和国残疾军人证、中华人民共和国伤残人民警察证、国家综合性消防救援队伍残疾人员证的人员凭证可以购买优待票。中华人民共和国退役军人事务部等相关部门已推送过减价优待资质信息的旅客,可直接通过 12306 网站和车站售票窗口购买优待票；客票系统查询不到减价优待资质信息的旅客，需凭减价优待凭证到车站售票窗口购买优待票。车站售票窗口对于能够查询到减价优待资质信息的旅客，可直接发售优待票；查询不到时需凭旅客提供的减价优待凭证发售优待票。站车对于购买优待票的旅客，要按规定核验相应减价优待凭证。

6. 在无人售票的乘降所上车的人员，可在列车内购票。

二、铁路乘车证

为适应铁路点多线长、流动分散的生产特点，便利铁路职工在铁路沿线进行生产、工作和生活的必要乘车，符合使用条件的铁路职工及部分路外有关人员可使用铁路乘车证乘车。

1. 铁路乘车证种类和颜色。

(1)硬席全年定期乘车证(浅蓝色)。

(2)软席全年定期乘车证(浅粉色)。

(3)硬席临时定期乘车证(浅蓝色)。

(4)软席乘车证(浅粉色)。

(5)硬席乘车证(浅蓝色)。

(6)通勤乘车证(浅黄色)。

(7)就医乘车证(浅黄色)。

(8)便乘证(浅蓝色)。

(9)探亲乘车证(浅黄色)。

购粮乘车证用就医乘车证代用。

2. 持用铁路各种乘车证的职工出入车站及在列车内须与旅客同样经过检验手续，同时交验工作证、学生证、离休证、退休证、家属医疗证或家属证。任何证明均不能代替上述证件。职工持用探亲乘车证，需同时持贴有本人照片的工作证和探亲证明；职工配偶或父母、子女持贴有本人照片的家属证（医疗证）和探亲证明。任何代替工作证或家属证的证件均无效。三证俱全方为有效。

3. 职工出差、探亲、驻勤、开会、入学、出校、调转赴任，搬家还必须交验相应的证明，如职工出差证明书、人事调转命令、户口迁移证明等；医疗转院或疗养必须交验医疗机构的转院、疗养证明；机车乘务员便乘时，必须携带机务段填发的司机报单；机械冷藏车乘务员去外地换班乘坐旅客列车时，应交验保温段填发的交、接班证明。

4. 持用定期通勤、通勤、通学、定期就医、就医、购粮乘车证，除换乘外，中途下车无效。探亲乘车证除转乘外，中途不能下车。

5. 定期通勤乘车证 1 个月只限使用 1 次，不能提前或移作下月使用。如节假日适逢月初或月末，乘车证的往返日期可跨及上月末或下月初，但起止时间不超过 1 周。如有特殊情况，可根据批准假期天数填发。

6. 职工（含路外符合使用乘车证的人员）出差、驻勤、开会、调转赴任、医疗转院（含职工供养的直系亲属）、疗养、护送、出入学校，以本人开始乘坐本次列车开车时刻计算，20:00 至次日 7:00 之间，在车上过夜 6 小时（含 6 小时）或连续乘车超过 12 小时（含 12 小时）以上的，准予免费使用卧铺。

使用卧铺中途不应下车。若必须下车，不足夜间乘车 6 小时或连续乘车 12 小时的，列车长应按章核收已乘区间的卧铺票价。

三、其他乘车有关凭证

除车票和铁路乘车证外，特定人群还可持相关凭证乘车或优先乘车。

1. 全国铁路通用乘车证

全国铁路通用乘车证为有价凭证，持证可乘坐除国际列车、联运车厢以外普速旅客列车所有座席、卧铺以及动车组列车二等座。

全国铁路通用乘车证为不记名式，使用时必须同时出示使用者本人工作证方为有效。

持全国铁路通用乘车证签证时，车站在有能力的情况下，应优先予以安排。持全国铁路通用乘车证直接进站、乘车时，各车站、列车应尽力提供必要的方便。

2. 侦查证

侦查证是军队保卫人员身份和执行职务的凭证标志，全国通用。

军队保卫人员依法执行军队保卫任务时，出示侦查证，可以进出车站站台、列车及有关场所，可以优先购票和乘车。遇有紧急情况来不及购票时，可凭侦查证先上车后补票。

军队保卫人员在依法执行工作任务过程中，需站、车客运及铁路公安民警予以支持和配合时，站、车客运及铁路公安民警应积极配合和提供便利条件，不得推诿、敷衍、拖延。

站车客运及铁路公安民警发现军队保卫人员持侦查证在购票、进站、乘车等过程中，有超越职权、滥用职权和其他违法违纪行为的，应及时逐级报告。

3. 外宾乘车证

外宾乘车证发放给外国铁路驻华机构人员，国铁集团邀请的重要外宾，国铁集团批准同意发放外宾乘车证的外宾及陪同人员。

持外宾乘车证准乘《外宾乘车证管理办法》适用范围内除国际列车、对港直通车以外的其他各种旅客列车。

持外宾乘车证准乘软席，包括普速旅客列车软座、软卧，动车组列车一等座、卧铺及以下等级席位，不包含普速旅客列车高级软卧、动车组列车高级软卧、动车组列车商务座、动车组列车特等座。

4. 调度命令

事故救援与抢险救灾，由于时间紧迫来不及填发乘车证时，可凭调度命令乘车，一次乘车有效。

装卸工（包括外委装卸）到外站装卸车，可按货运有关部门规定使用铁路分局调度命令乘车。

第二节 车票查验

一、乘车条件

旅客的乘车凭证是购票时使用的有效身份证件；随行免费乘车儿童的乘车凭证是其申明时所使用的儿童有效身份证件。

旅客应当按有效车票载明的日期、时间、车次、车厢号、席位号和席别乘车。

持低票价席别车票的旅客不能在高票价席别的车厢（区域）滞留。

视力残疾旅客可以携带取得导盲犬工作证（载有导盲犬使用者信息，盖有公安部门或残疾人联合会公章，或带有国际导盲犬联盟标识“IGDF”），用于辅助视力残疾人工作、生活的导盲犬进站乘车。旅客进站、乘车时，需主动出示残疾人证、导盲犬工作证、动物健康免疫证明等证件，携带的导盲犬接受安全检查。

二、查验规定

1. 车票查验

铁路运输企业按照国家有关规定对旅客所持车票和有效身份证

件进行车票实名制查验。车站对进、出站的旅客和人员应当检票，列车对乘车旅客应验票。对应当持证购买的优惠票、优待票，铁路运输企业还须查验旅客相应优惠、优待证件。

列车应通过站车无线交互手持作业终端查验持有学生优惠票的旅客是否通过优惠资质核验，同时核对学生证填写的优惠乘车区间与手持终端推送的优惠乘车区间是否一致。对于通过优惠资质核验且区间一致的（同城车站视为区间一致），视为已购车票符合学生优惠票发售原则。

旅客检票后在车票发站开车前取消旅行，需办理改签、退票手续的，应在开车前主动向车站声明。

旅客应配合铁路运输企业实施的车票实名制查验工作，携带免费乘车儿童应提供其购票申明时使用的儿童有效身份证件；使用持证购买的优惠票、优待票应出示相应优惠、优待证件。

普速旅客列车实行车门验票制度。普速旅客列车在始发站，由列车员在车门口进行实名制验证验票，对票、证、人不一致的拒绝乘车。遇客流高峰，旅客集中上车来不及查验时，可先允许旅客上车后再补充查验，与车票查验合并办理。

普速旅客列车实行途中查验制度。普速旅客列车每运行 6 个小时全面验票 1 次，运行时间不足 6 小时的列车不得少于 1 次，一站直达列车全面查验 1 次（可与车门验票合并）。对票、证、人不一致的按无票处理。

旅客在乘降所登乘实施实名制管理的旅客列车时，铁路运输企业应当在旅客列车上进行车票实名制管理。

2. 乘车证查验

做好铁路乘车证查验工作，使用交互系统对持铁路乘车证的旅客进行查验。

(1)站、车客运人员必须熟知乘车证使用的有关规定,认真查验乘车证填载项目和必须携带的有关证件和证明,并打剪标记。如有不符,视为无效,并有权扣留所持乘车证,按有关规定处理。

(2)对持用的全年、临时定期、通勤、定期通勤、通学、全年定期就医(购粮)和临时定期就医乘车证免打查验标记,其他乘车证均须于始乘站和返乘站予以剪口,列车内查验时应打查验标记,否则按客运有关规定办理。

(3)铁路各部门特定的在列车上工作的各种证件(如铁路运输收入稽查证、客运监察证等),只能作为工作凭证,均不能作为乘车的凭证。

(4)外宾乘车证乘车查验规定。持外宾乘车证及身份证明进出站及乘车时,按规定办理验证、验票及检票。铁路站车工作人员可通过客运管理信息系统站车客户端、实名制验证系统联网查验外宾乘车证信息,查验不到时,应予收缴,并做好记录。外宾乘车身份证件包括:本人护照或外籍人士在华居留证件。

第三节 常见票务处理

一、变更

1. 改签

(1)旅客可办理一次改签,在铁路运输企业有运输能力的前提下,按下列规定办理:

①开车前48小时以上,可免费改签预售期内的列车。

②开车前不足48小时,可免费改签车票载明的乘车日期以前的

列车。

③开车前不足48小时,可改签车票载明的乘车日期之后预售期内列车,核收改签费。

④开车后,在当日24时之前,可免费改签当日其他列车。

⑤开车后,在当日24时之前,可改签车票载明的乘车日期之后预售期内列车,核收改签费。

⑥办理变更到站的改签时,应在开车前48小时以上,原车票已托运行李的,还应办理行李变更或取消业务。

(2)旅客可在车站售票窗口、12306网站和具备改签功能的自动售票机办理改签。

凭各种有效身份证件购买的车票均可在车站售票窗口办理改签,但已开具报销凭证的和使用现金支付方式购买的车票,仅可在车站售票窗口办理改签;凭12306网站购票证件且使用电子支付方式购买的车票,可通过12306网站办理改签;在具备改签功能的自动售票机办理改签时,应按系统提示办理。

改签后如需改签费报销凭证的,可在办理之日起180日以内,凭改签时所使用的有效身份证件到车站售票窗口、自动售票机开具。

在车站售票窗口办理改签时,乘车人须出具购票时使用有效身份证件;他人代办时应出具代办人有效身份证件及乘车人购票时使用的有效身份证件。

旅客办理已开具报销凭证的车票改签时,须交回报销凭证。报销凭证无法交回或不可识别、不完整时,铁路运输企业不予办理改签。

(3)旅客办理改签时,改签后的车票票价高于原票价时,核收票价差额;改签后的车票票价低于原票价时,退还票价差额,核收票价差额的退票费。

(4)必要时,铁路运输企业可以临时调整改签办法。

2. 席位变更

旅客在列车上办理席位变更时,变更后的票价高于原票价时,核收票价差额;变更后的票价低于原票价时,票价差额部分不予退还。

因铁路运输企业责任使旅客不能按车票载明的日期、时间、车次、车厢号、席位号、席别乘车时,站、车应妥善安排。重新安排的席位票价高于原票价时,超过部分不予补收;低于原票价时,应当退还票价差额,不收退票费。

3. 越站

旅客要求越过车票到站继续乘车时,须在原车票到站前提出,在有运输能力的情况下列车可予以办理,核收越站区间的票款;无运输能力时,列车有权拒绝旅客补票和继续乘车。

儿童在列车上办理越站时,以越站车票乘车日期计算年龄。

二、丢失

旅客购买车票后,丢失购票身份证件的,按以下方式处理:

1. 旅客在乘车前丢失证件的,应到该有效身份证件的发证机构办理临时身份证明,凭临时身份证明进出站乘车。

2. 旅客在列车上、出站前丢失证件的,须先办理补票手续,凭后补车票检票出站。在列车上办理时,列车核验席位使用正常的,开具客运记录;在车站办理时,车站核验车票无出站检票记录的,开具客运记录。旅客应在乘车日期之日起30日以内,凭该有效身份证件发证机构办理的临时身份证明和后补车票(如开具纸质客运记录,还应携带纸质客运记录),到列车的经停站退票窗口办理后补车票与原票乘车区间一致部分的退票手续。办理退票手续时，如核查丢失证件所购原票有出站记录的，后补车票不予退票；无出站记录的，办理退票时，不收退票费。

3. 持有儿童优惠票的旅客在列车上、出站前丢失购票证件时，如本人或同行成年人旅客可以提供儿童优惠票购票信息时，可按儿童优惠票先办理补票手续，具体验检和退票规则，比照现行丢失购票证件有关规定执行。如本人或同行成年人旅客无法提供儿童优惠票购票信息时，凭中华人民共和国居民身份证、居民户口簿等可判定年龄的有效身份证件信息补票时，按证件信息判定年龄后补票；凭护照、出入境通行证等无法判定年龄的有效身份证件信息补票时，按成人办理补票。到站后，退票时如核实旅客确实已购儿童优惠票，但后补车票与原票区间不一致时，可通过车站售票窗口人工办理退差手续，未退还票款开具退票报销凭证，其他比照现行丢失购票证件有关规定执行。

三、误售、误购及误乘、误降

1. 在车站售票窗口发生旅客车票误售、误购时，旅客当场提出的，车站换发新票，需退还票价差额时，不收退票费。

铁路运输企业责任导致的误售应为旅客免费办理退票或换发新票。

2. 发生误乘、误降时，旅客应向站、车工作人员提出。列车长应编制客运记录交前方停车站；车站对本站发现或列车移交的误乘、误降旅客，应指定最近列车免费送回至车票到站或原票乘车站，对出站后提出的不予受理。如误乘旅客提出乘坐本趟列车直接去原票到站时，所乘列车票价高于原票价时，核收票价差额；所乘列车票价低于原票价时,票价差额部分不予退还。

旅客拒绝铁路运输企业安排时,根据实际乘车区间补收相应票款,未使用部分票款不予退还。

在免费送回区间,旅客不得中途下车。如中途下车,对往返乘车的免费区间,按返程所乘列车等级分别核收往返区间的票款。免费送回区间,旅客应按照铁路运输企业指定的席别乘坐,旅客如提出乘坐高票价席别时,应重新支付高票价席别票款。

3. 站车遇旅客声明误乘时,如旅客上车站的所购车票车次和所乘车次的实际开车时间在 30 分钟内的可按误乘处理。两个车次上车站实际开车时间超过 30 分钟的,按原票乘车无效,重新补票处理。误乘旅客车票未检票时,列车应对其车票补检。旅客误降下车后,应在出站前向车站主动声明,车站应按误降办理。

站车对于误乘、误降的旅客,应优先安排将旅客免费送回至原票到站;车站无去原票到站的直达列车时,可采取短径路换乘方式;车站当日已无送回列车时,可安排同城车站其他列车或本站次日较早列车送回。

免费送回途中,旅客提出乘坐高票价席别时,按所乘列车最近提出站至下车站,重新核收高票价席别票款。

误乘、误降旅客携带无票儿童乘车时,按随行成人车票乘车区间补收儿童优惠票。

四、不符合乘车条件

1. 有下列行为时,铁路运输企业按规定补票,并加收已乘区间应补票价 50% 的票款:

(1)无票乘车且未主动补票时,补收自乘车站(不能判明时自始发站)起至到站止的车票票款。持失效车票乘车或在车票到站后不下车继续乘车的,按无票处理。

(2)持用变造、伪造或涂改的乘车凭证乘车时,除按无票处理外并送交公安部门处理。

(3)票、证、人不一致的,按无票处理。

(4)持用低票价席别车票乘坐高票价席别时,补收所乘区间的票价差额。

(5)旅客持优惠票、优待票,没有规定的减价凭证或不符合减价条件时,按照全价票价补收票价差额。

2. 有下列情况时应当补收票款:

(1)应购买儿童优惠票而未买票的儿童,补收儿童优惠票票款。

(2)应购买全价票而购买儿童优惠票乘车的未成年人,应补收儿童优惠票票价与全价票价的差额。

(3)主动补票或者经站、车同意上车补票的。

五、拒绝运送

1. 对无票乘车而又拒绝补票的人,列车长可责令其下车并应编制客运记录交前方三等以上车站或县、市所在地车站处理(其到站近于上述车站时应交到站处理)。车站对列车移交或本站发现的上述人员应追补应收和加收的票款。

2. 对下列旅客,站、车均可拒绝其进站、上车或责令其下车;对责令其下车的,其未使用至到站的票款不予退还,运输合同即行终止。

(1)有《国铁集团客规》第四十一条规定的情况之一,拒不支付应补票款和加收票款的。

(2)不接受安全检查的,坚持携带或者夹带禁止、限制物品的。

(3)不接受车票实名制查验的。

(4)在站、车内寻衅滋事、扰乱公共秩序,患有烈性传染病、严重精神障碍和醉酒等有可能危及列车安全或者其他旅客以及铁路站、车工作人员人身安全的。

(5)告知列车无运输能力后,无票继续越站乘车的。

(6)国家规定的其他情况。

六、违章使用乘车证

违章使用乘车证,如在票面上加添、涂改、转借、超过有效期限或有效区间意乘车,未持规定的有关证明、证件或持伪造证明、证件的均按无票处理,要查扣其乘车证及有关证件。此外,单位还应追究其行政责任。对持用伪造乘车证者,一经发现,应立即查扣,并移交公安机关依法处理。超出规定条件使用乘车证者,也按违章使用处理。

违章使用乘车证均要按所乘旅客列车的等级、席别、铺别、区间(单程或往返)及票面填写人数按照《国铁集团客规》的规定补收和加收票款,下列乘车证还应按票面记载的席别、区间,按照下列计算方法加收罚款:

1. 定期通勤乘车证,按票面填写乘车区间,自有效月份起至发现违章月份止按每月 1 次往返的里程计算。

2. 全年定期乘车证、临时定期乘车证、通勤(学)乘车证。从有效日期(过期的从有效期终了的次日)至发现违章日期止,票面填写的乘车区间在一个铁路局集团公司以内的,按每日乘车 50 千米计算票价;乘车区间跨铁路局集团公司的,按每日乘车 100 千米计算票价,计算后低于 50 元的按 50 元核收。

3. 发现其他违章行为的，均按《国铁集团客规》的规定相应处理。

乘车证使用过程发现的违章事项，当时处理不了的，由站、车编制客运记录，连同查扣的乘车证及有关证件报本铁路局集团公司或铁路局集团公司财务部门，由其依据规定向违章职工单位发函并追补应收票款和罚款；违章职工单位接到函件，要查证落实严肃处理，并将应补票款和处理结果于30日内报送发函单位收入部门。

第四节　旅客携带品

一、基本规定

旅客携带品由自己负责看管。旅客需妥善放置携带品，不得影响公共空间使用和安全。每人免费携带品的重量和规格是：

儿童10千克，外交人员35千克，其他旅客20千克。每件物品外部尺寸长、宽、高之和不超过160厘米，杆状物品不超过200厘米；但乘坐动车组列车均不超过130厘米；每件重量不超过20千克。平衡车、滑行器等轮式代步工具须使用硬质包装物妥善包装。

依靠辅助器具才能行动的老、幼、病、残、孕等特殊重点旅客旅行时代步的折叠式轮椅，以及随行婴儿使用的折叠婴儿车，可免费携带并不计入上述范围。

为保障车站、旅客列车等公共场所内外整洁、空气清新，妨碍公共卫生的物品，能够损坏或污染车辆的物品，以及活动物（导盲犬和作为食品且经封闭箱体包装的鱼、虾、蟹、贝、软体类水产动物除外）不得随身携带乘车。

二、禁止和限制携带规定

铁路运输企业应当在企业网站、铁路旅客车站和列车等服务场所通过多种方式公告《铁路旅客禁止、限制携带和托运物品目录》，履行告知义务。

公益性“慢火车”可以允许旅客随身携带少量家禽家畜和日用工具农具，铁路运输企业与旅客另有约定的，按照其约定。

军人、武警、公安民警、民兵、射击运动员等人员依法可以携带、托运枪支弹药或者管制器具的，按照国家有关规定办理，在特定区域、特定时间，中央和国家有关部门根据需要依法决定提升铁路旅客禁止、限制携带和托运物品查控标准的，遵守其规定。

1. 禁止托运和随身携带的物品

(1)枪支、子弹类(含主要零部件)。

①军用枪、公务用枪：手枪、冲锋枪、步枪、机枪、防暴枪等以及各类配用子弹。

②民用枪：气枪、猎枪、运动枪、麻醉注射枪等以及各类配用子弹。

③道具枪、发令枪、钢珠枪、催泪枪、电击枪等以及各类配用子弹。

④上述物品的样品、仿制品。

(2)爆炸物品类。

①弹药：炸弹、照明弹、燃烧弹、烟幕弹、信号弹、催泪弹、毒气弹、手雷、地雷、手榴弹等。

②爆破器材：炸药、雷管、导火索、导爆索、震源弹、爆破剂等。

③烟火制品：礼花弹、烟花(含冷光烟花)、鞭炮、摔炮、拉炮、砸炮

等各类烟花爆竹,发令纸、黑火药、烟火药、引火线,以及“钢丝棉烟花”等具有烟花效果的制品等。

④上述物品的仿制品。

(3)管制器具。

①管制刀具:根据《管制刀具分类与安全要求》(GA 1334—2016),认定为管制刀具的专用刀具(匕首、刺刀、佩刀、三棱刮刀、猎刀、加长弹簧折叠刀等)、特殊厨用刀具(加长砍骨刀、加长西瓜刀、加长分刀、剔骨刀、屠宰刀、多用刀等)、开刃的武术与工艺礼品刀具(武术刀、剑等),以及其他管制刀具(超过 GA/T 1335《日用刀具分类与安全要求》规定的尺寸规格限制要求的各种刀具)。

②其他器具:警棍、军用或者警用匕首、催泪器、电击器、防卫器、弩、弩箭等。

(4)易燃易爆物品。

①压缩气体和液化气体:氢气、甲烷、乙烷、环氧乙烷、二甲醚、丁烷、天然气、乙烯、氯乙烯、丙烯、乙炔(溶于介质的)、一氧化碳、液化石油气、氟利昂、氧气(供病人吸氧的袋装医用氧气除外)、水煤气等。

②易燃液体:汽油(包括甲醇汽油、乙醇汽油)、煤油、柴油、苯、酒精、酒精体积百分含量大于 70% 或者标志不清晰的酒类饮品、1,2-环氧丙烷二硫化碳、甲醇、丙酮、乙醚、油漆、稀料、松香油等。

③易燃固体:红磷、闪光粉、固体酒精、赛璐珞、发泡剂 H、偶氮二异庚腈等。

④自燃物品:黄磷、白磷、硝化纤维(含胶片)、油纸及其制品等。

⑤遇湿易燃物品:金属钾、钠、锂、碳化钙(电石)、镁铝粉等。

⑥氧化剂和有机过氧化物:高锰酸钾、氯酸钾、过氧化钠、过氧化钾、过氧化铅、过醋酸、双氧水、氯酸钠、硝酸铵等。

（5）毒害品：氰化物、砒霜、硒粉、苯酚、氯、氨、异氰酸甲酯、硫酸二甲酯等高毒化学品以及灭鼠药、杀虫剂、除草剂等剧毒农药。

（6）腐蚀性物品：硫酸、盐酸、硝酸、氢氧化钠、氢氧化钾、有液蓄电池（含氢氧化钾固体、注有酸液或碱液的）、汞（水银）等。

（7）放射性物品：指含有放射性核素，并且其活度和比活度均高于国家规定豁免值的物品，详见《放射性物品分类和名录（试行）》。

（8）感染性物质：包括可感染人类的高致病性病原微生物菌（毒）种和感染性样本，详见《人间传染的病原微生物名录》中危害程度分类为第一类、第二类的病原微生物。

（9）其他危害列车运行安全的物品：

①可能干扰列车信号的强磁化物。

②硫化氢及有强烈刺激性气味或者有恶臭等异味的物品。

③容易引起旅客恐慌情绪的物品。

④不能判明性质但可能具有危险性的物品。

（10）法律、行政法规、规章规定的其他禁止携带、运输的物品。

2. 禁止随身携带但可以托运的物品

（1）锐器：菜刀、水果刀、剪刀、美工刀、雕刻刀、裁纸刀等日用刀具（刀刃长度超过60毫米），手术刀、刨刀、铣刀等专业刀具，刀、矛、戟等器械。

（2）钝器：棍棒、球棒、桌球杆、曲棍球杆等。

（3）工具农具：钻机、凿、锥、锯、斧头、焊枪、射钉枪、锤、冰镐、耙、铁锹、镢头、锄头、农用叉、镰刀、铡刀等。

（4）其他：反曲弓、复合弓等非机械弓箭类器材，消防灭火枪，飞镖、弹弓，不超过50毫升的防身喷剂等。

（5）持有检疫证明、装于专门容器内的小型活动物，铁路运输企业应当向旅客说明运输过程中通风、温度条件，但持工作证明的导盲犬和作为食品且经封闭箱体包装的鱼、虾、蟹、贝、软体类水产动物可以随身携带。

3. 限制随身携带的物品

（1）包装密封完好、标志清晰且酒精体积百分含量大于或者等于24%、小于或者等于70%的酒类饮品累计不超过3000毫升。

（2）香水、花露水、喷雾、凝胶等含易燃成分的非自喷压力容器日用品，单体容器容积不超过100毫升，每种限带1件。

（3）指甲油、去光剂累计不超过50毫升。

（4）冷烫精、染发剂、摩丝、发胶、杀虫剂、空气清新剂等自喷压力容器，单体容器容积不超过150毫升，每种限带1件，累计不超过600毫升。

（5）安全火柴不超过2小盒，普通打火机不超过2个。

（6）标志清晰的充电宝、锂电池，单块额定能量不超过100 Wh；含有锂电池的电动轮椅除外。

（7）法律、行政法规、规章规定的其他限制携带、运输的物品。

4. 部分禁限物品规范说明

（1）钻机类物品

根据国家铁路局综合司《关于〈国铁集团办公厅关于反馈钻机类物品携带乘车建议的函〉的复函》（国铁综运输监函〔2023〕151号）规定，电钻（含手钻、风钻、冲击钻等）属于《铁路旅客禁止、限制携带和托运物品目录》明确的钻机范围，禁止随身携带但可以托运；角磨机、砂轮机、抛光机、切割机等其他电动工具不属于钻机范围。随身携带含有锂电池的电动工具要符合锂电池额定能量要求，办理托运的应符合所选运输方式托运的具体要求。

(2)消毒酒精

如消毒酒精为“喷雾、凝胶”性状且为非自喷压力容器包装属于《铁路旅客禁止、限制携带和托运物品目录》中第三类限制随身携带的物品中第二条,可以随身携带,但单体容器容积不超过100毫升,每位旅客限带1件。

(3)自热类食品

镁铝粉属于遇湿易燃物品,发热包主要原料为镁铝粉的自热类食品禁止随身携带和托运。

(4)防晒喷雾、补水喷雾等

主要性态为气雾剂,属于自喷压力容器,属于《铁路旅客禁止、限制携带和托运物品目录》中第三类限制随身携带的物品中第四条,可以随身携带,但单体容器容积不超过150毫升,每种限带1件,累计不超过600毫升。

(5)干冰或使用干冰作冷却剂的物品

按照《铁路危险货物运输安全监督管理规定》(交通运输部令2022年第24号)规定,旅客列车禁止运输危险货物,干冰属于《铁路危险货物品名表》中明确的危险货物,铁路旅客禁止随身携带和托运干冰或使用干冰作冷却剂的物品。

(6)充电宝额定能量判定

充电宝额定能量指充电宝内锂电池的能量,通常在充电宝上标注,如未标注额定能量瓦特小时(Wh),可按照以下方法进行计算判定。

①如果充电宝标注有标称电压(V)和标称容量(Ah),计算公式为

$$额定能量=电压\times标称容量$$

②如果充电宝只标注标称容量为毫安时（mAh）的，可将其除以1000转换为安时（Ah）。

③如果容量标注有电池容量和额定容量的，以电池容量计算电压标注有充电宝电压和电池电压的，用电池电压计算。

5. 为方便视力残疾旅客乘坐火车出行，视力残疾旅客可携带导盲犬进站乘车

导盲犬是指经过特殊训练并取得导盲犬工作证（载有导盲犬使用者信息，盖有公安部门或残疾人联合会公章，或带有国际导盲犬联盟标识IGDF），用于辅助视力残疾人工作、生活的服务犬。

（1）在进站、乘车时，旅客应出示以下证件：购票时所使用的有效身份证件、残疾人证、导盲犬工作证、动物健康免疫证明等证件。

（2）进站时，携带导盲犬接受安全检查。

（3）进入车站、列车前，请为导盲犬系上牵引链，佩戴导盲鞍。

乘车期间，在条件允许的情况下，列车工作人员应尽可能协调将旅客安排至较为宽敞的席位，以方便其乘车生活和照看导盲犬；有同行人时，还应尽可能协调将同行人安排至就近席位。协调更换座位时，原则上应为同等级席别的席位；如果因更换席位出现票价差额，应提前征得旅客本人同意，并按规定处理票价差额。

在发生危及旅客人身安全和铁路运营秩序的特殊情况下，携带导盲犬的旅客需遵守铁路和公安部门的有关规定，接受铁路工作人员的组织和引导。

6. 携带自行车有关规定

携带自行车须在携带品允许尺寸范围，使用纸箱等硬质包装物妥善包装完整，且在车站内和列车上不能拆卸包装，避免运输过程中对旅客造成意外伤害。

包装好的自行车应妥善放置在大件行李处、座椅铺位下部或列车工作人员指定处。不要放在过道、洗脸间、车门口及车厢连接处，以免影响旅客通行或应急疏散；也不要放在行李架上，以免坠落砸伤旅客。

三、违章携带的处理

旅客违规携带物品按下列规定处理：

1. 在乘车站禁止进站上车。

2. 在车内或下车站，对超过免费重量的物品，其超重部分应自上车站至下车站补收行李运费。对不可分拆的整件超重、超大物品、活动物，按该件全部重量补收上车站至下车站行李运费。列车不具备补收条件时可交前方停车站处理。

3. 发现危险品或禁限物品，妨碍公共卫生的物品，损坏或污染车辆的物品时，列车交前方停车站处理，车站按该件物品全部重量加倍补收上车站至下车站行李运费；涉嫌违法犯罪的送交公安部门处理，对有必要就地销毁的危险品或禁限物品应按有关规定处理。

4. 如旅客携带超重、超大的物品价值低于行李运费时，可按物品价值的50%核收行李运费。

5. 补收行李运费时，不得超过本次列车的始发站和终到站。不能判明上车站时，自始发站起计算。

在列车上查获的禁限物品由列车工作人员妥善保管，并根据物品性质按站车交接程序向前方停车站或车站派出所移交。

四、旅客携带品遗失处理

发现旅客遗失物品应积极寻找失主。如旅客已经下车，应编制客运记录，注明品名、件数等移交下车站。不能判明时，移交列车前方站或终到站。

车站应设失物招领处，对本站发现或列车移交的旅客遗失物品，要及时登记、妥善保管，并在12306网站或车站进行公告。失主来领取时，应查验有效身份证件，核对时间、地点、车次、品名、件数、重量，确认无误后，由失主签收。

铁路运输企业可依据相关法律、行政法规和有关规定对保管的遗失物品核收保管费。

鲜活易腐物品和食品不负责保管。

无人认领的遗失物品按国家有关规定处理。

第五节　站车无线交互手持终端的使用

一、站车无线交互手持终端基本知识

（一）系统概述

交互系统是铁路车地客运移动作业服务平台，可以在移动场景下为旅客提供多样化服务，为现场客运服务和客运管理工作提供信息系统支撑。

通过交互系统，地面售票情况可以及时报送到指定列车，车上乘务人员可精确掌握每个席位的使用情况、乘降区段，为旅客提供车上验票、车上联网补票、开具电子客运记录等服务，使客运组织和管理准确、有序，提高了服务水平。列车上可以利用地面信息做好旅客服务工作，同时也可以向地面系统及时汇报列车上的客运信息，实现了车地信息一体化。

（二）硬件和软件环境

目前使用的站车无线交互手持终端是一款便携式安卓移动设

备。列车工作人员利用站车无线交互手持终端,可进行信息查询、乘客乘车信息查询及补票、客运记录等业务操作。

为了使列车工作人员在途工作更加快捷有效,在需要输入证件号码、验证证件的环节引入蓝牙身份证读卡器。

蓝牙身份证读卡器识别终端应用于铁路客票站车交互系统、站车补票及移动验证业务系统。通过蓝牙连接的方式将站车无线交互手持终端与蓝牙身份证读卡器相连接,完成快速读证等便捷操作。通过该设备可对中华人民共和国二代居民身份证、火车票学生优惠卡、中华人民共和国残疾军人证、外国人永久居留身份证、电子护照、台湾居民来往大陆通行证、港澳居民来往内地通行证、中铁银通卡等证卡进行识读。

(三)应用程序流程说明

1. 登录。登录包括用户名/密码登录、刷脸登录、热备登录。

2. 数据下载(自动)。登录成功后,数据自动下载,包括基础数据和业务数据。

3. 使用(业务操作)。登录成功,进入工作台,即可根据作业内容进行移动票务及客运管理相关业务操作。

4. 退乘。工作完成后,进行退乘,数据自动清除。

(四)系统设置

点击登录界面的【系统设置】按钮,进入系统设置界面。

1. 通知设置。点击【通知设置】会弹出新消息通知页面,进行设置。

2. 服务器地址设置。设置对应的 GSM 和 GSM-R 服务器,并且可以进行一中心、二中心切换。

3. 更新数据。乘务员可手动操作更新车站、客运段、配置数据等信息，确保操作数据实时性。点击【更新数据】，进入更新数据界面，点击对应的按钮更新数据即可。

4. 版本信息。默认版本为【PSR 版本电子票夹】，点击可进行版本切换，普通版本电子票夹可用于应急模式（PSR 故障或应急演练等情况下）。

5. 封装号、交接班卡控、检测更新、客运推广。

封装号：方便查看站车版本。

交接班卡控：点击【卡控】弹出开关对话框，可以选择打开或关闭卡控。打开时，乘务员在交接班时填写指定的接班人，只能该乘务员接班。关闭时，则不卡控任何乘务员都可以。

检测更新：检测站车程序是否有新版本。

客运推广：点击【客运推广】进入客运推广界面，旅客可扫码下载 12306 手机客户端。

二、站车无线交互手持终端操作

扫描二维码，可以查看站车无线交互手持终端操作视频。

1. 扫描二维码视频 4-1，学习登录交互系统软件和车次切换操作。

2. 扫描二维码视频 4-2，学习车门验票和蓝牙识读器操作。

视频4-1　　视频4-2

3. 扫描二维码视频4-3，学习席位管理、席别统计和中途上下车操作。

4. 扫描二维码视频4-4，学习学生优惠票、优待票补检操作。

视频4-3　　视频4-4

5. 扫描二维码视频4-5，学习查询客运记录和客服“工单”操作。

6. 扫描二维码视频4-6，学习查询超员电报、上水和直供电操作。

7. 扫描二维码视频4-7，学习列车休班、查询服务器地址和退乘操作。

视频4-5　　视频4-6　　视频4-7

第五章　常见问题解答

随着临客开行的常态化，临客乘务担当单位工作中，遇到了各种各样的问题。本章根据铁路局集团公司近年来临客开行中发现的问题进行了分类整理，为顺利完成临客担当任务提供现场指导。

第一节　设备问题

一、设备故障

问题：临客车底往往是平时不用的备用车底，设备稳定性难以保证，一旦发生设备故障运行中无法及时修复，影响正常使用。

建议：

1. 临客车底上线前进行全面整备检修，保证设备质量，指派专人对列车设备进行巡检，发现问题及时与车辆部门沟通解决，确保车底出库质量。

2. 途中加强车内巡视，掌握车辆设备状况，发生设备故障时，及时联系车辆乘务员进行维修。

3. 列车设备发生故障无法修复时，在“三乘检查记录”做好登记悬挂设备故障提示牌，对车内旅客做好解释引导工作，避免舆情。

二、设备不全

问题：临客车底易出现餐车饭箱蒸屉缺失、油烟囱格栅（沥油板）缺失或内嵌式垃圾桶芯等缺失。

建议:指派专人提前对临客车底餐车饭箱蒸屉、油烟囱格栅(沥油板)、垃圾桶芯等易缺失列车设备进行检查,发现缺失及时联系车辆部门、客运段进行补充,确保车底设备出库质量。

三、塞拉门操作

问题:由于非乘务单位值乘经验不足,遇到塞拉门车底时往往操作不熟练,特别是遇到手动(无风无电)塞拉门时,容易造成操作不当。

建议:强化塞拉门操作实训,提高乘务人员塞拉门操作技能,值乘前对重点车门做好统计,运行中指派专人做好重点盯控。

1. 扫描二维码视频 5-1,学习塞拉门无电无风操作。
2. 扫描二维码视频 5-2,学习塞拉门有电有风操作。

视频5-1　　视频5-2

第二节　整备组织

一、装、卸车备品

问题:由于临客编组车型不统一,领取备品与车型无法完全匹配,导致列车整容不达标,旅客乘车体验感差,易造成投诉。

建议:客运段负责备品相关部门提前根据临客车型准备匹配备

品，乘务班组做好备品的请领、检查，保证列车备品的质量和数量。

二、临客出库卫生质量

问题：卫生质量较差，保洁人员工作质量不高，保洁人员数量配备不足、作业简化，现场检查验收环节标准不高。

建议：盯控人员提高盯控标准，乘务人员主动配合，联劳协作，共同保障车底出库质量。

三、安全隐患

问题：列车运行中，安全踏板隐蔽固定存放不到位，从而造成安全隐患。

建议：明确各车厢安全踏板隐蔽固定存放位置，加强盯控检查。安全踏板具备锁闭条件时，及时定位锁闭。临客乘务担当单位根据车底实际情况，统一给安全踏板配备链子和通用锁。

第三节　作业提示

一、列车始发出库、折返进站前提示

列车长："各车乘务员注意！检查车门锁闭情况"。

二、列车进站停稳提示

列车长："各车厢乘务员打开车门，投放垃圾（垃圾投放站），按规定立岗"。

三、途中到站前提示

列车到站前5分钟，列车长使用电台通知硬座车厢进行双边通

告:“硬座车厢乘务员,请开始到站前作业”。

列车到站前30分钟,列车长使用电台通知卧铺车厢进行旅客唤醒:“卧铺车厢乘务员,请开始到站前作业”。提示卧铺车按规定锁闭端门。

四、进站时提示

首节进站台车厢乘务员使用电台通告:“××站到站,运行方向左侧(右侧)高站台(低站台)”。

列车长进行停靠核实,使用电台通告:“××站到站,运行方向左侧(右侧)高站台(低站台)”。

列车长:“列车进站试开车门后,及时关闭,解开车门捆绑带”。

列车长:“列车停稳后,打开车门,放安全踏板、挂警示带(低站台不使用),站门立岗验票,做好安全宣传”。

五、登车提示

响铃或接到车站客运值班员通知站台作业完毕后,由列车长统一指挥口令:“×××次各车厢乘务员,收警示带,站白线,上车,收踏板,车内立岗。”列车员作业完毕依次向列车长汇报“2车安全踏板警示带收取完毕;3车安全踏板警示带收取完毕……”。

塞拉门车厢上车后关闭车门,关闭后电台依次报告列车长:“×号车厢车门关闭,警示带、踏板已收取”,面对站台立岗。

六、出站后提示

列车长:“K×××次列车长全列收到,列车出站做好自检互检车门”“各车乘务员注意,将车门捆绑带一手拉进车内,一手扶车门,车动关门(注意夹手),锁闭车门,捆扎车门捆绑带”。

列车驶出站台,列车员自检互检车门后电台依次汇报:“2 车车门锁闭良好,3 车门锁闭良好……”。

列车长:“K×××次车长全列收到,各车乘务员加强安全宣传,落实作业标准”。

七、终到提示

列车长:“列车马上到达终点站,提前组织旅客做好下车准备。各车乘务员做好进站准备”。

列车长:“各车乘务员做好垃圾投放后,及时锁闭车门,检查遗失品”。

列车员锁闭车门后:“2 车车门已锁闭,3 车车门已锁闭……”。

附录　业务知识精练

1. 乘务人员对服务设备设施的掌握有哪些要求?

答:乘务班组人员要对车内设备(厕所、洗面间、电茶炉等)及办公席、医药点、餐车做到知位置,有旅客问询时要及时回答,回答准确。

2. 列车停运或折返后,客票系统自动办理退票/差手续提示内容包括哪些?

答:办理退票/差手续的车票,于原票到站日期之后第 3 日为旅客自动办理退票/差手续。

客票系统向旅客发送停运、折返提醒短信时告知旅客可自行办理退票,不收退票费,如未办理退票客票系统将于原票到站日期之后第 3 日为旅客自动办理退票/差手续;自动办理退票/差手续成功后,再次向旅客发送办理成功提醒短信。

现金购买或已换领报销凭证的车票办理自动退票后,旅客需到车站售票窗口办理领款手续,同时交回已换领报销凭证。电子支付的车票,办理自动退票时记录退款受理单,系统于办理日之后 7 个工作日内为旅客办理返款。

已购联程车票的旅客,需要联程车票开车前自行登录 12306 网站或车站窗口与停运、折返列车车票一并办理退票。

3. 停运/折返短信发送模板内容。

(1)整车停运短信模板有什么内容?

答:【12306】您购买的 6 月 24 日 K×××次列车因故停运,12306 网站将在原车票乘车日之后 5 日内自动为您办理车票退票手续,不收退票费。已购联程车票,请在联程车票开车前自行登录12306网站(含12306移动端)与K×××次列车车票一并办理退票,均不收取退票费。已打印报销凭证的请妥善保管,退票后请您持购票证件到车站售票窗口凭报销凭证办理领款手续。不便之处,敬请谅解。

(2)折返退差短信模板有什么内容?

答:【12306】6月24日K×××次列车在重庆北站折返运行,您可选择返回车票发站,也可在列车沿途办理客运业务的停站下车。12306网站将于5日内自动为您办理车票未乘区间票价退差手续,您也可自行登录12306网站(含12306移动端)或铁路车站售票窗口办理车票未乘区间票价退差手续,不收退票费。出站时请务必通过检票闸机检票出站,否则客票系统将以车票发站到重庆北站为已乘区间办理退差。已购联程车票,请在联程车票开车前自行登录12306网站(含12306移动端)与K×××次列车车票一并办理退票,均不收取退票费。已打印报销凭证的请妥善保管,退票后请您持购票证件到车站售票窗口凭报销凭证办理领款手续。不便之处,敬请谅解。

(3)区段停运短信模板有什么内容?

答:【12306】6月24日K××次列车因故在重庆北站至成都西站间停运,如选择继续乘坐本次列车出行,12306网站将在原车票乘车日之后5日内自动为您办理车票停运区间(列车运行中止站至车票到站)票价退差手续。否则,12306网站将在原车票乘车日之后5日内自动为您办理车票退票手续,不收退票费。已购联程车票,请在联程车票开车前自行登录12306网站(含12306移动端)与K×××次列车车票一并办理退票和退差手续,均不收取退票费。已打印报销凭证的请妥善保管,退票后请您持购票证件到车站售票窗口凭报销凭证办理领款手续。不便之处,敬请谅解。

4. 北京局集团公司可以便捷换乘的车站有哪些?

答:北京局集团公司可以便捷换乘的车站有 8 个,分别是北京西、北京丰台、石家庄、天津西、唐山、德州东、保定东、张家口。

5. 学生旅客未携带学生证时应如何处理?

答:旅客购买学生优惠票,没有携带学生证,需办理补票手续,后续不再办理车补车票退票,优惠次数自动加回。

6. 学生旅客没有通过优惠资质核验时应如何处理?

答:提示学生旅客通过 12306 网站进行优惠资质核验,如仍未通过核验应先行补票,补票后开具客运记录,旅客到站后携带车补车票、学生证、身份证、客运记录 30 日内到任意车站售票窗口办理核验,核验通过后退票、扣次数,不收退票费。

7. 携带消毒酒精乘车规定有哪些?

答:如消毒酒精为“喷雾、凝胶”性状且为非自喷压力容器包装,可以随身携带,但单体容器容积不超过 100 毫升,每位旅客限带 1 件。

8. 携带自热类食品乘车规定有哪些?

答:发热包主要原料为镁铝粉(属于遇湿易燃物品)的自热类食品,禁止随身携带和托运。

9. 如何判断充电宝额定能量?

答:充电宝额定能量指充电宝内锂电池的能量,通常在充电宝上标注。单块额定能量不超过 100 Wh 可以携带。如未标注额定能量瓦特小时(Wh),可按照以下方法进行计算判定。

①如果充电宝标注有标称电压(V)和标称容量(Ah),计算公式为

$$额定电量 = 电压 \times 标称容量$$

②如果充电宝只标注标称容量为毫安时(mAh)的,可将其除以1 000转换为安时(Ah)。

③如果容量标注有电池容量和额定容量的,以电池容量计算电压标注有充电宝电压和电池电压的,用电池电压计算。

10. 铁路车票的购买渠道有哪些?

答:旅客可以通过铁路运输企业提供的车站售票窗口、自动售票机、12306 网站、订票电话或铁路车票销售代理人的售票处购买车票。

11. 可以通过自动售票机购票的有效证件有哪些?

答:中华人民共和国居民身份证,中华人民共和国护照,中华人民共和国港澳居民居住证,中华人民共和国台湾居民居住证,港澳居民来往内地通行证,台湾居民来往大陆通行证,外国人永久居留身份证。

12. 可以通过 12306 网站、订票电话购票的有效证件有哪些?

答:中华人民共和国居民身份证(含中华人民共和国临时居民身份证),中华人民共和国护照,中华人民共和国港澳居民居住证,中华人民共和国台湾居民居住证,港澳居民来往内地通行证,台湾居民来往大陆通行证,外国人永久居留身份证,外国人护照。

13. 行程信息提示和报销凭证可以作为乘车凭证吗?

答:行程信息提示和报销凭证只能用作车次信息提示和报销使用,不能作为乘车凭证。

14. 购买儿童优惠票有何相关规定?

答:随同成年人乘车的儿童,年满 6 周岁且未满 14 周岁的、免费儿童单独占用席位时、超过免费携带儿童人数时应当购买儿童优惠票。

15. 学生优惠票限于使用哪些席位?

答:学生优惠票限于使用普通旅客列车硬座、硬卧和动车组列车二等座。

16. 学生票优惠乘车次数有何相关规定?

答:学生票优惠乘车次数按学年(10 月 1 日至次年 9 月 30 日)使用有效,当学年不能使用下一学年的次数,当学年未使用的不能留作下学年使用。

17. 列车上发生旅客误乘、误降时应如何处理?

答:发生误乘,误降时,旅客应向站车工作人员提出,列车长应编制客运记录交前方停车站,车站对本站发现或列车移交的误乘、误降旅客,应指定最近列车免费送回至车票到站或原票乘车站,对出站后提出的不予受理。如误乘旅客提出乘坐本趟列车直接去原票到站时,所乘列车票价高于原票价时,核收票价差额,所乘列车票价低于原票价时,票价差额部分不予退还。

18. 列车上,旅客丢失证件时应如何处理?

答:旅客在列车上、出站前丢失证件的。须先办理补票手续,凭后补车票检票出站。在列车上办理时,列车核验席位使用正常的,开具客运记录。旅客应在乘车日期之日起 30 日以内,凭该有效身份证件发证机构办理的临时身份证明和后补车票(如开具纸质客运记录,还应携带纸质客运记录)到列车的经停站退票窗口办理后补车票与原票乘车区间一致部分的退票手续,办理退票手续时,如核查丢失证件所购原票有出站记录的,后补车票不予退票,无出站记录的,办理退票时,不收退票费。

19. 儿童丢失证件时应如何处理?

答:持有儿童优惠票的旅客在列车上、出站前丢失购票证件时,如本人或同行成年人旅客可以提供儿童优惠票购票信息时,可按儿童优惠票先办理补票手续,具体验检和退票规则,比照现行丢失购票证件有关规定执行。如本人或同行成年人旅客无法提供儿童优惠票购票信息时，凭中华人民共和国居民身份证、居民户口簿等可判定年龄的有效身份证件信息补票时，按证件信息判定年龄后补票；凭护照、出入境通行证等无法判定年龄的有效身份证件信息补票时，按成人办理补票。到站后，退票时如核实旅客确实已购儿童优惠票，但后补车票与原票区间不一致时，可通过车站售票窗口人工办理退差手续，未退还票款开具退票报销凭证，其他比照现行丢失购票证件有关规定执行。

20. 发现旅客遗失物品时应如何处理？

答：发现旅客遗失物品应积极寻找失主，如旅客已经下车，应编制客运记录，注明品名、件数等移交下车站，不能判明时，移交列车前方站或终到站。

21. 什么是重点旅客，哪些人属于特殊重点旅客？

答：重点旅客指老、幼、病、残、孕旅客。特殊重点旅客指依靠辅助器具才能行动等需特殊照顾的重点旅客。

22. 临时停车时列车员应做好哪些工作？

答：临时停车时做好宣传，加强巡视，确保车门锁闭，严禁旅客上下车，未经列车长统一组织不准开启车门。列车启动后检查瞭望值乘区域车门。乘务担当单位应制定细化措施，指定专人使用电台提示，做好盯控。

23. 列车厕所锁闭规定是什么？

答：直排式厕所在列车渡海以及运行在市区、长大隧道、大桥和站停 3 分钟及以上的停车站锁闭厕所；中途停车站提前 5 分钟、终到站提前 10 分钟锁闭厕所。

集便式厕所吸污时或未供电时锁闭厕所，其他时间不锁厕所。

厕所锁闭时,为特殊情况急需使用厕所的旅客提供方便。

24. 列车电茶炉水温不高时应如何处理?

答:电茶炉长时间未使用时,乘务人员应及时排水,确保电茶炉水温正常,避免旅客投诉。如果是设备问题,及时通知车辆乘务人员处理。